1 MONTH OF
FREE
READING

at

www.ForgottenBooks.com

By purchasing this book you are eligible for one month membership to ForgottenBooks.com, giving you unlimited access to our entire collection of over 1,000,000 titles via our web site and mobile apps.

To claim your free month visit:

www.forgottenbooks.com/free392645

ISBN 978-0-483-23905-0
PIBN 10392645

PAGES

TOIRE LOCALE

GANTOISE

PAR

ROSPER CLAEYS

DEUXIÈME SÉRIE

GAND

YLSTEKE, ÉDITEUR

RUE AUX VACHES, 15

1888

PAGES D'HISTOIRE LOCALE

GANTOISE

PROPRIÉTÉ

GAND, IMPR. I.-S. VAN DOOSSELAERE.

PAGES
D'HISTOIRE LOCALE
GANTOISE

PAR

PROSPER CLAEYS

DEUXIÈME SÉRIE

GAND

J. VUYLSTEKE, ÉDITEUR

RUE AUX VACHES, 15

1888

PAGES D'HISTOIRE LOCALE

GANTOISE.

I.

LA PORTE ET LE PONT DE BRABANT
ET LE MOULIN A EAU.

Le pont du moulin à eau, qui va disparaître sous peu, rappelle des souvenirs remontant jusqu'aux origines de l'ancien comté de Flandre. Son nom lui venait du moulin à moudre le blé, que les échevins de Gand y firent construire à la fin du XIIIᵉ siècle. L'exploitation de ce moulin, qui était affermé au plus offrant, constituait un des revenus de la ville. Il ne fut démoli qu'en 1881.

Le pont, qui va maintenant subir le même sort, s'appelait primitivement pont de Brabant, *pons Brabantiae*, parce qu'il menait dans le duché de ce nom. En effet le Brabant s'étendait autrefois jusqu'à l'Escaut et comprenait tout le pays d'Alost. Plus tard ce dernier pays fut détaché du Brabant, et réuni au comté de Flandre.

L'Escaut continua néanmoins à former la frontière entre

les deux pays : l'empire d'Allemagne et le royaume de
France. Pendant toute la durée du moyen âge cette frontière traversa notre ville du sud au nord; sur la rive droite
du *Reep (Neerschelde),* on était dans l'empire germanique ;
sur la rive gauche, dans le royaume de France Cet état de
choses ne prit fin que sous Charles-Quint, à qui la Flandre
dut d'être définitivement séparée de la France et affranchie
de toute vassalité envers ce pays par le traité de
Crespy (1544).

Contre le pont de Brabant se trouvait autrefois la porte
de Brabant. C'était une des quatre portes de la première
enceinte fortifiée de Gand. Les auteurs citent comme les
trois autres : la *Ketelpoort* près du pont aux Chaudronniers, la *Turrepoort* près du pont de la Tour et la porte
de St-Georges ou de St-Bavon au bout du *Steendam* près
du pont de St-Georges. Quant à cette dernière, il est certain
qu'on ne peut la considérer comme une des quatre portes
primitives. Une autre porte, plus vieille encore, de *Steenpoort,* se trouvait à l'entrée du *Steendam* sur le fossé dit
d'Othon, appelé au moyen âge de *gracht over de marct.*
Dans les nouveaux tarifs de Tonlieux pour la ville de Gand
du 15 juillet 1199 nous lisons : « *apud pontem lapideum
sancti Jacobi.* »

Il faut en conclure que de ce côté l'enceinte fortifiée de la
ville ne s'étendait pas primitivement jusqu'à la Lys mais
seulement jusqu'au dit fossé. Cela est si vrai que dans les
Stadsrekeningen du XIVᵉ siècle nous voyons, quand on
parle des employés chargés d'ouvrir et de fermer les portes
de la ville, mentionnée la *Steenpoort* sans qu'il soit jamais
question de la porte de St-Georges. Il paraît probable que
lorsqu'on incorpora à la ville l'espace entre ce fossé et la
Lys et qui comprenait tout le *Steendam,* on appela cet

accroissemeut la nouvelle petite ville, *het Nieuwpoortje,* nom que porte encore une partie de ce quartier.

Quand fut construite la porte de Brabant? Nul ne le sait. De nombreux écrivains, se copiant les uns les autres, affirment que l'enceinte fortifiée, qu'ils appellent à tort la première enceinte et qui comprenait la porte de St-Georges, fut construite de 1192 à 1212; mais cette assertion manque de preuves. On s'appuie à tort sur la charte de la comtesse Mathilde, veuve de Philippe d'Alsace, conférée aux Gantois en 1192 et confirmée par Baudouin le courageux et Marguerite d'Alsace. Cette charte constate seulement, comme un droit ancien qu'elle reconnaît et consacre, que les Gantois peuvent fortifier leur ville comme ils l'entendent ; mais elle ne constitue point un octroi ou une permission spéciale en vue de travaux de fortifications qu'on allait entreprendre. Le même droit fut reconnu aux Gantois par Ferrand de Portugal et Jeanne de Constantinople en 1213.

Quoi qu'il en soit, dès le milieu du XIIIᵉ siècle, la porte de Brabant cessa d'être une des portes extérieures de la ville A cette époque les faubourgs de Gand, qui formaient encore autant de communes distinctes, avaient pris un tel développement que le besoin d'une enceinte, beaucoup plus étendue et englobant tous ces quartiers, se fit sentir. Ces faubourgs étaient, outre les agglomérés des deux abbayes désignés sous le nom de *St-Baefsstede* et de *St-Pietersdorp ;* la seigneurie ou ville du vicomte ou chatelain, *'sborchgravengerechtc,* qui s'étendait sur la *borgstrate* et le *Briel ;* la ville du comte, *urbs comitis,* comprenant la place Ste-Pharaïlde et le Vieux-Bourg; et la ville de *Brabantbrugge, Pons Brabantiae.* Nous laissons de côté les quartiers plus éloignés du Muide, du Sher Raessengerechte, d'Eckerghem ou Akkerghem et autres.

L'existence de la ville ou commune de *Pons Brabantiae* a laissé des traces dans l'histoire. Sous le nom de *U tra scaldim* ou *Overschelde,* nom que ce quartier conserve encore dans la bouche du peuple, nous la trouvons mentionnée dans une charte de Thomas de Savoie et de Jeanne de Constantinople de 1241. Elle devait être assez importante, car elle est, sous le nom de *Pons Braban iae,* au nombre des villes flamandes qui, en 1226 lors de la mise en liberté du comte Ferrand de Portugal, en 1237 lors du mariage de Jeanne de Constantinople avec Thomas de Savoie et en 1244 à l'avènement de Marguerite de Constantinople, donnèrent aux rois de France des sûretés pour l'exacte observation du traité de Melun de 1226.

Comme il est dit plus haut, au milieu du XIIIe siècle et notamment en 1253-1254 il fut décidé de construire une enceinte fortifiée englobant les faubourgs de St-Pierre et de St-Bavon, le Vieux-Bourg, le domaine du chatelain et la ville d'*Overschelde.* C'est à cette occasion que cette dernière fut incorporée à la ville de Gand par Marguerite de Constantinople et que furent sans doute construites les portes dites *Hoypoort* ou *Steenpoort* et la *Koepoort.* La première au bout du *Brabanddam,* qu'il ne faut pas confondre avec la *Steenpoort* sur le *Steendam* près de la *Karnemelkbrug,* donnait sur la *Hoye* (petit béguinage actuel). L'autre était au bout de la rue appelée encore aujourd'hui *Koepoortkaai.* Plus tard, vers le commencement du XIVe siècle probablement, les fortifications furent encore reculées. C'est alors que fut construite la porte *ten vijfwindgaten,* à l'extrémité de la rue longue des Violettes.

Enfin et en dernier lieu, elles furent encore portées plus loin et amenèrent la construction des deux portes : la *Keizerpoort* (porte de Bruxelles), et la *St-Lievenspoort.*

Nous ignorons quand elles furent bâties ; mais elles existaient déjà en 1348.

———

Mais revenons au pont et à la porte de Brabant. Ils sont aussi connus sous le nom de *Braembrugge* et *Braempoort ;* et les écluses, existant en cet endroit, se nomment *de Braemgaten.* Dans ces dénominations, qui apparaissent déjà au XIII⁰ siècle, *Braem* n'est pas une contraction de Brabant ; c'est le nom d'une famille gantoise qui avait son château, *Ser Braemskasteel,* sur le territoire de Gendbrugge à quelques minutes de la porte de Bruxelles et à gauche de la chaussée actuelle. Les *Jaerregisters* font souvent mention de maisons situées « *buten de Kyserpoorte ant Braemcasteel.* » Pater De Jonghe, dans ses *Gendsche Geschiedenissen,* parle également d'une rue, nommée *Braemstraete;* nous la trouvons aussi dans le *Jaerregister* du 22 février 1458 : « *de Braemstrate over* » *Schelde by de Coe-poorte.* »

Les mots Brabant et Braem présentent quelque similitude, il s'est établi de bonne heure une confusion qui a fait donner indifféremment l'une et l'autre dénomination à la porte et au pont dont il s'agit.

La *Braempoort* était une construction massive, flanquée de tours et couvrant le pont. Sur ce pont elle formait une longue ouverture voûtée, fermée à chaque extrémité par une solide porte en bois de chêne, garnie de ferrures.

D'après le tarif de 1199, dont nous avons parlé plus haut, un péage était perçu à la porte de Brabant. Ce péage frappait certaines marchandises telles que la laine, les harengs, le bétail, etc.; il était perçu pour les paquets portés par un marchand à cheval et pour les paquets liés

et portés à dos d'homme', ainsi que pour le drap déposé sur
une brouette. Quand l'enceinte de la ville fut successivement agrandie, la perception de ce péage fut établie à la
Vijfwindgatpoort et plus tard à la porte de l'Empereur ou
de Bruxelles et à la porte de St-Liévin

Une partie des bâtiments qui composaient la porte de
Brabant, servaient autrefois à enfermer les lepreux.
C'était ce qu'on nommait une Lép' oserie « *Sieckhuuse voor*
» *de ackersieke.* » D'autres portes de la ville, parmi celles
construites plus tard, étaient également employées au
même usage.

Dans les *Stadsrekeningen* de 1336 nous trouvons mentionnés plusieurs postes de dépenses du chef de sommes
payées à « *meester Boidine van sinen werke dat hi maecte*
» *voer de watermolne* » et « * die hi wrochte van binnen*
» *der brabantpoorten.* » Disons en passant que ce *meester
Boidin* était, selon toute apparence, un grand entrepreneur
de l'époque; car à tous moments nous rencontrons son nom
dans les *Jaerregisters* quand il s'agit de travaux de pavage
effectués sur l'un ou l'autre point de la ville.

Près de la *Braempoort* à l'extrémité de la rue de Brabant, existait anciennement une boucherie qu'on nommait
et qu'on continua de nommer la petite boucherie Les
Stadsrekeningen du XIVe siècle parlent souvent de sommes
payées pour les « *werke ant vleeschuus ter Brabant-*
» *brugghen.* » Cette boucherie avait vingt étaux et fut
démolie en 1593. On en construisit une autre au coin du
marché aux oiseaux à l'endroit occupé aujourd'hui par le
café le « rocher de Cancale. » Celle-ci disparut à son tour
en 1821 lors de l'élargissement et de la reconstruction de
la rue de Brabant, appelée parfois dans les anciens actes :
« *de rechte strate.* » La petite boucherie fut alors transférée

dans l'ancienne chapelle des tisserands (Éden-Théâtre).

A gauche de la porte de Brabant se trouvait dans la rue nommée *Opper-scheld-straete*, la prévôté de St-Bavon érigée en 1543 dans la maison de Nicolas Triest, seigneur d'Auweghem. C'est aujourd'hui l'hôtel du gouvernement provincial. A droite de la porte, à l'endroit désigné sous le nom de « *achter de Paele* » d'après une brasserie qui s'y trouvait au bord de l'Escaut, existait autrefois un château-fort, appelé *het Casteel Wandelaert*.

Charles-Quint, après avoir par la concession Caroline enlevé aux Gantois tous leurs privilèges, ordonna également de démolir la plus grande partie des ouvrages fortifiés ainsi que « la porte des Pierres, la *Waelporte*, la *Ketel-* » *porte*, la *Santporte*, la *Posterneporte*, la porte des » Tours, la Grise porte, la porte des Vaches et la porte de » Saint-Georges. »

La *Braempoort* fut démolie en 1562. Toutes ne subirent pas le même sort. Quelques-unes ne furent démolies qu'à la fin du XVIIIᵉ siècle. D'autres, telles que la *Turrepoort*, au bout de la rue haute, la *Posternepoort*, près du pont de la rue d'assaut, et la *Zandpoort*, à l'extrémité de la rue des violettes, continuèrent de subsister en partie et conservèrent la voûte qui servait d'entrée. Les deux premières furent démolies entièrement en 1841 et la troisième en 1862.

Le pont près de la porte de Brabant fut en partie renouvelé en 1779, comme nous l'apprend une note manuscrite de l'époque, jointe au dessin du pont, où nous lisons : « *de* » *Braempoorte, afgebroken in 1562, waervan er nog een* » *gedeelte bestond naer de kant van de Watermolen-* » *brugge welk geordonneert wiert te vernieuwen ende* » *verbreeden naer de teekeninge van stadsbouwmeester* » *Louis t' Kindt en was aengenomen te maeken door*

» *Adrian van de Capelle in 't jaer* 1779 *voor de somme*
» *van* L. 499-10-0. »

Une grande pente existait sur ce pont dont l'accès était
très difficile pour les chariots ; cette difficulté était augmen-
tée, quand la *Braempoorte* existait encore, par le peu de
largeur de la voûte qui servait de passage. Un autre
manuscrit dit encore : « *In 't zelve jaer (*1779*) is afgebrok-*
» *ken de watermolenbrugge, die dan zoo opklimmende*
» *was, dat gelaedene wagens op de brugge zonder oplet-*
» *tenheyd tot tegen de huyzen afliepen om nae den reep*
» *te gaen Meester Capelle, metsers-baes, was gelast met*
» *dat werk; de brugge wierd plat geleyd; het straetje*
» *langs den watermolen wierd dry a vier voeten verbreed*
» *en van den watermolen afgenomen; de brugge langs*
» *de Brabandstraete wierd gelykelyk verbreed.* »

———

La construction du moulin à eau, dont on voit encore
les restes près du pont de ce nom, fut décrétée vers
l'an 1290. Les Gantois avaient déjà mis la main à l'œuvre
quand l'abbé de Saint-Pierre, Jean dit le pêcheur, *den
Visschere*, leur fit défense de continuer les travaux. Le
prélat se fondait sur une charte de Thierry d'Alsace,
comte de Flandre, donnée en 1156 et confirmée plus tard
par le pape Alexandre III. Les échevins de Gand ne voulurent pas se soumettre à cette charte, qui était fausse et
que les moines avaient fabriquée pour s'assurer le monopole
de l'établissement et de l'exploitation des moulins, placés
sur les cours d'eau entourant la ville de Gand, dans le
rayon d'une lieue. C'était, comme on voit, une jolie source
de revenus que les bons pères s'étaient assurée par la
fabrication de l'acte de 1156.

Les Gantois prirent leur recours vers Robert de Béthune, fils du comte de Flandre Gui de Dampierre, et obtinrent l'autorisation d'établir le moulin. Les travaux cependant ne furent repris qu'en 1297. *Jan den Visschere* intervint une seconde fois et renouvela la défense faite en 1290. Les Gantois ne tinrent aucun compte de l'interdiction et passèrent outre sans que l'abbé de St-Pierre osât s'adresser, pour faire valoir ses prétendus droits, soit au comte soit à une juridiction quelconque.

On comprend combien il dut en coûter aux moines de St-Pierre de voir les échevins exploiter un moulin dont le produit, au lieu de prendre le chemin de l'abbaye du mont Blandin, était versé annuellement dans les caisses de la ville de Gand.

Ce revenu était considérable et allait en augmentant tous les ans. Nous voyons par les *stadsrekeningen* qu'en 1337 il produisit 696 Livres et qu'en 1349 il en produisit 1248, soit presque le double. « 1337 *Item ontfing sij van Jacoppe* » *Betten ende Symoene van den Kerkove, pachters van* » *den watermolnen, van haren pacht van den jare 696* » *℔. 7 s., dats van elker weke 14 pond alsoe sise adden in* » *pachte jeghen de stede. Ende daer boven was hem afghe-* » *trocken 47 ℔. 13 s., die de stede verloes van 30* » *daghen dat there ute was.* »

Le dernier membre de phrase signifie que les fermiers du moulin à eau, n'ont rien dû payer pendant les 30 jours, que les citoyens armés ont passés hors de la ville, « *dat* » *there ule was* » pour le service de la commune.

» 1349 *Item ontfing sij van Jane van der Hoyen...* » *pachters van den watermoelnen, van hare eerster* » *maend die inneghinc saterdages up onsen Vrouwen* » *dach alfoost 96 ℔. dats van elker weke 24 ℔...*

« *Somme van den jare 1248 ℔.* »

Les *stadsrekeningen* du commencement du XIVᵉ siècle
renseignent plusieurs articles de dépenses pour travaux
faits au moulin et aux écluses du « *brabantbrucghen,*
» *vanden werke anden Spey ter Brabantbrucghen, ende*
» *ande watermolne.* »

La concession Caroline de 1540 ne se borna pas à ordonner aux Gantois de démolir les remparts, les ouvrages
fortifiés et certaines portes de la ville, elle leur enleva
également la propriété de plusieurs établissements publics,
parmi lesquels il faut ranger le moulin à eau dont nous
nous occupons en ce moment. Ceci toutefois ne fut pas de
longue durée, car par une ordonnance du 11 octobre 1541
Charles-Quint restitua quelques propriétés à la ville de
Gand et parmi celles-là figure le moulin de la *Braembrugghe :* « a consenti et consent qu'ils joyront du moulin. »

———

Plusieurs règlements furent faits pour les meuniers qui
prenaient le moulin en location. Citons notamment ceux
de 1482, 1545, 1597 et 1752. Ces règlements fixaient la
somme que le meunier pouvait percevoir pour chaque sac
de mouture ; ils fixaient également l'heure à laquelle le
moulin devait commencer à tourner et l'heure à laquelle le
travail devait cesser. Ils établissaient des pénalités sévères
contre les meuniers qui trompaient leurs clients sur le poids
ou qui fraudaient les droits de la ville.

Un employé, nommé *Weger*, était attaché au moulin aux
frais du locataire. Le *Weger* devait surtout veiller à ce que
le meunier rendît à ses clients le même poids de mouture
ou de farine, que celui qu'avait le grain en entrant au
moulin.

Au commencement du XVIIIᵉ siècle, et probablement

auparavant déjà, les locataires avaient à diverses reprises
réclamé contre la modicité de la somme qu'ils pouvaient
réclamer par sac de mouture, somme qui avait été fixée
une dernière fois en 1597 et n'avait presque plus changé
depuis. Elle était en moyenne de 4 sous par sac. Le règlement de 1752 augmenta le prix et le fixa à une somme qui
variait de 5 sous à 8 sous selon la qualité et surtout la
dureté du grain à moudre Pour cette somme le meunier
devait chercher le grain chez le client et lui rapporter la
farine. Les échevins donnèrent surtout pour motif de cette
augmentation que les meuniers fraudaient les droits de la
ville et trompaient sur le poids pour se dédommager de la
modicité de leur salaire. L'histoire ne nous apprend pas si
après 1752 les meuniers donnèrent le poids exact et s'abstinrent de frauder les droits de la ville.

Le règlement stipulait également que la ville avait le
droit de faire chomer le moulin pendant un maximum de
30 jours par an, soit pour y faire des travaux de réparation
soit à l'occasion de la baisse des eaux.

Quand un nouveau locataire entrait en possession du
moulin, un inventaire et une estimation étaient faits de
tous les ouvrages fixes et mouvants qui garnissaient le
moulin. A la fin de son bail le meunier était tenu de restituer les ouvrages en bon état d'entretien et tels qu'il les
avait reçus en entrant.

Ces inventaires nous apprennent que le *groote watermeulen*, c'est-à-dire celui de la *Braembrugghe* se composait
de *vier distincte meulens* ayant chacun un nom particulier : *de roghemeulen, den hoeckmeulen, de waelinne,
ende de mautmeulen*. Remarquons en passant que l'usage
de donner des noms aux moulins à eau et aux moulins à
vent a toujours subsisté ; c'est ce qui explique la qualifica-

tion *de waelinne* (la wallonne), d'nnée à l'un des quatre moulins dont se composait le *groote watermeulen.*

Plusieurs travaux de reconstruction et d'amélioration furent effectués au moulin à eau et des perfectionnements notables furent apportés à son système de moudre le grain pendant les six siècles environ qu'il fonctionna.

Avant 1550 le moulin ne pouvait travailler que quand les eaux atteignaient une certaine hauteur. C'était là un inconvénient des plus graves et auquel on parvint à trouver remède En 1550 on construisit une machine, qui permettait de faire tourner les roues du moulin aussi bien à marée basse qu'a marée haute.

Cent ans plus tard, en 1655, de nouveaux travaux furent opérés au moulin à eau. C'est ce que nous apprend un manuscrit faisant partie de la collection de la bibliothèque de l'université et dans lequel nous lisons : « *Den* 21 *sep-*
» *tember* 1655 *is volmaeckt het werk van den Water-*
» *molen in Gend, daer zy wel* 2 *maenden aen gevrogt*
» *hadden met wel* 50 *of* 60 *menschen.*

» *Den* 25 *dito, korts naer de* 5 *uren, is begonnen den*
» *dyk boven de Watermolenbrugge door te steken in*
» *'t midden met eenen dikken haek daer 't water eerst*
» *door sneerde.*

» *En op den* 26 *september heeft eerst begonnen te*
dra-yen den watermolen die van te vooren zoo lang
stil had gelegen; en men zeyde dat de pagters der water-
molen quytscheld hadden 6 *gr. daegs zoo lang den*
watermolen niet en draeyde boven hun ieden ordonnan-
» *tie dagen.* »

On voit qu'il s'agit ici d'un travail très important qui

dura deux mois et exigea un grand nombre d'ouvriers.

D'autres travaux furent encore faits au moulin et aux écluses de la *braembrugghe;* mais ils sont de trop peu d'importance pour nous y arrêter.

Mentionnons toutefois, à cause d'une particularité que nous y rencontrons, un contrat de 1736 pour certains ouvrages faits aux écluses. Voici le titre de ce contrat :

> » *Contract van overeencompste tusschen de stadt ende*
> » *den slotmaecker Jan Are s in daten 24 november* 1736
> » *tot het maecken van twee ysere machinen dienstigh to!*
> » *het opwinden der deuren van braemsluysen voor de*
> » *somme van* 80 *p. or. ende midts by hem ghenietende*
> » *vrydom van borgherlycke wacht, ende wanof inghe-*
> » *rolghe van dieren verleent is ghewerden eene com-*
> » *missie..»*

Nous avons encore vu d'autres contrats du même genre dans lesquels les entrepreneurs stipulaient à leur profit l'exemption de certaines charges : le plus souvent, comme dans le cas actuel, l'exemption de faire partie de la *borgherlycke wacht*, garde civique ou garde communale.

Outre le moulin près de la *Braembrugghe* la ville possédait encore un moulin à fouler le drap près de la *Pasbrugghe;* trois moulins près de la *Vyfwindgatbrugghe;* « *eenen slypmeulen daer men slypene zal witte wapene,* » un moulin pour moudre les écorces, « *eene moutmeulene,* » « *eene volmeulene;* » et plusieurs moulins encore dans d'autres quartiers de la ville.

Si tous ces moulins à eau constituaient une source de revenus pour la commune, il faut dire cependant que les travaux annuels d'entretien et d'amélioration absorbaient de leur côté des sommes assez considérables. Cette observation se trouve faite dans une missive, adressée en 1756 par Charles de Lorraine aux échevins de la ville de Gand pour appeler leur attention sur ce fait.

Les prix de location atteignaient parfois un chiffre très-élevé. Au milieu du XVIIIᵉ siècle, par exemple, le prix de location de notre grand moulin à eau s'éleva à la somme de 3,000 florins.

Au commencement du siècle actuel il s'éleva même jusqu'à la somme de 4,000 fr. Mais ce prix alla en diminuant tous les ans pour tomber finalement à 100 fr. en 1870; cette somme ne varia plus jusqu'en 1874, année pendant laquelle le moulin à eau cessa définitivement de fonctionner.

Ce fut aussi en 1874 que les travaux, effectués à cet endroit, mirent à nu une grande quantité de pierres tumulaires, placées dans le radier de l'ancienne écluse. On tint note de l'endroit exact où se trouvaient ces pierres et on releva aussi fidèlement que possible les inscriptions qu'elles portaient. Celles qui sont encore en bon état vont être extraites bientôt et placées dans le musée des ruines de saint Bavon.

On trouva alors également deux pierres de granit qui, d'après leur conformation, semblent avoir faire partie des piles de l'ancien pont.

Enfin en 1881 le vieux moulin à eau, dont la première pierre fut placée en 1290, subit le même sort qu'eut autrefois son compagnon *de braempoort*; il tomba aussi sous la pioche des démolisseurs. Ceux-ci ne laissèrent debout que la partie qu'on voit encore et qui a été convertie en jardin. Les jours de ces derniers restes sont également comptés et d'ici à quelques semaines les nouveaux travaux exécutés au *Reep* et à la *Watermolenbrug*, auront fait disparaître pour toujours aux yeux des Gantois une des plus vieilles constructions de notre cité : *de Water-molne ter Brabantbrugghe.*

Flandre libérale, 11 Mai 1885.

II.

A la suite de la loi du 18 juillet 1860 sur l'abolition des octrois, les portes, placées à l'entrée des villes et qui servaient surtout à empêcher l'introduction d'objets soumis aux taxes communales, devinrent complètement inutiles. Aussi leur démolition dans toutes les villes à octroi fut-elle une chose presque immédiatement accomplie. Quelques villes toutefois — Bruges entre autres — conservèrent les bâtiments, dont plusieurs étaient de construction très ancienne et qui constituaient ce qu'à proprement parler on nommait de *stadspoorten*. Dans ces localités on se borna à enlever les grilles en fer ou les portes en bois, qui donnaient accès à l'intérieur de la ville.

A Gand toutes les portes furent démolies sauf une seule, celle de l'Empereur, qui disparut seulement en 1884 quand on construisit la nouvelle écluse et le nouveau pont à l'extrémité de la rue de Bruxelles.

Ces portes, au nombre de sept et que la plupart d'entre nous ont connues, étaient ce qu'on appelait les portes modernes. C'étaient les portes de l'Empereur ou de Bruxelles, de Saint-Liévin, de la Colline, de Courtrai, de Bruges, du Sas et d'Anvers.

D'après l'emplacement qu'occupaient ces portes on peut se faire une idée de ce qu'était, lors de l'abolition des octrois, l'enceinte de la ville de Gand. Ajoutons immédiatement que l'enceinte de 1860 était, à peu de chose près, la même que celle du XIVᵉ siècle, car les sept portes que nous venons de nommer existaient déjà à cette époque. Il faut toutefois faire exception pour la porte d'Anvers, *Dampoort*; celle-ci ne fut construite qu'après 15 l0 quand on abattit la *Spitael- poort* et la porte de Termonde, donnant accès à la ville par l'abbaye de Saint-Bavon.

On sait que cette abbaye fut démolie en 1540. Sur son emplacement Charles-Quint fit construire la citadelle, nommée het *Spanjaardskasteel*, qui occupait tout le quartier actuel de l'Abattoir, du boulevard du Château et du Champ des manœuvres.

———

Avant la construction de ces sept portes et antérieure- ment au XIVᵉ siècle, alors que la ville de Gand était loin d'avoir une enceinte aussi étendue, d'autres portes, toutes fortifiées et situées plus à l'intérieur, donnaient accès à la ville. La démolition de la plupart d'entre elles fut ordonnée par le fameux édit de Charles-Quint du 30 avril 1540. Cet édit, qui porta un coup si cruel à la prospérité et aux liber- tés de la capitale des Flandres, ordonna également d'élever la citadelle dont nous venons de parler. Cette citadelle était destinée à tenir en respect les habitants de la ville de Gand et à les écraser au moindre signe d'opposition ou de révolte.

Malgré la construction au XIVᵉ siècle de ce que nous appelons les portes modernes, la plupart des anciennes portes avaient été maintenues au milieu de la ville.

C'étaient de puissants édifices, flanqués de tours et protégés par des constructions d'une solidité à toute épreuve et constituant autant de petites citadelles des franchises communales.

C'est ce qui explique pourquoi Charles-Quint, en même temps qu'il faisait élever le château des Espagnols, ordonnait la démolition des portes intérieures. Toutes cependant ne furent pas abattues; quelques-unes, comme nous le verrons plus loin, furent conservées en tout ou en partie. Il y en eut même qui ne furent complètement démolies que dans le courant du siècle actuel.

Nous allons passer rapidement ces portes en revue en les plaçant par groupes suivant les différents quartiers de la ville. Le lecteur pourra ainsi se faire une idée de ce qu'était jadis l'enceinte fortifiée de la ville de Gand et de la façon dont cette enceinte s'est successivement étendue.

ENCEINTE PRIMITIVE.

Tout nous permet d'établir que la première enceinte connue de la ville de Gand comprenait quatre grandes portes. Savoir la *Steenpoort* ou *Keernmelkpoort* située sur le fossé d'Othon à l'endroit où existe le pont, nommé encore aujourd'hui pont du Lait battu à l'entrée de la rue de Saint-Georges, *Steendam* ; la *Turrepoort*, porte de la Tour, à l'entrée de la rue Haute et sur le pont de la Tour ; la *Ketelpoort*, près du pont des Chaudronniers ; et la porte de Brabant, qu'on nommait aussi *Braempoort*, à côté du moulin à eau et à l'extrémité de la rue de Brabant.

Il y avait encore des poternes ou portes de service qui donnaient accès aux remparts et aux fortifications.

Ces quatre portes et ces poternes extérieures devinrent toutes des portes intérieures au fur et à mesure de l'agrandissement de la ville de Gand.

I.

La « Steenpoort », la porte de Saint-Georges et la Tour rouge.

La *Steenpoort* ou *Steendampoort* fut également appelée plus tard *Keernmelkpoort* à cause du marché au lait battu qui se tenait en cet endroit. La voûte de la *Steenpoort* était, paraît-il, si étroite qu'un chariot pouvait difficilement passer par l'ouverture. Cette porte fut démolie en 1524.

La *Steenpoort* cessa d'être une porte extérieure quand, par suite de nouvelles acquisitions de terrain, l'enceinte fortifiée fut reculée de ce côté de la ville. Cet agrandissement de l'enceinte nécessita la construction de la porte de Saint-Georges, *Ste-Joorispoort*, à l'extrémité de la rue de Saint-Georges ou *Steendam*. La *Ste-Joorispoort*, qu'on nommait aussi *Ste-Baefspoort* parce qu'elle conduisait à l'abbaye de Saint-Bavon, existait déjà au XIIIᵉ siècle. Cette porte, construite en pierres de taille bleues, fut démolie en 1586.

———

Au-delà de l'écluse du *Pas*, se trouvait une grande tour ronde en briques rouges avec un toit en flèche, *den rooden turre*. Cette tour, déjà mentionnée dans un acte de 1270, servait de poterne.

II.

Portes de l'abbaye de Saint-Bavon : la porte de l'hôpital et la porte de Termonde; la porte d'Anvers

L'abbaye de Saint-Bavon communiquait avec l'extérieur de la ville par la porte de l'hôpital, nommée par abréviation *Spitaelpoort*, et par la porte de Termonde.

La première était située non loin de l'endroit où l'on éleva plus tard la porte d'Anvers. Elle se trouvait près de l'ancien hôpital de Sainte-Anne auquel elle emprunta son nom. La seconde était située à l'entrée du quartier *de Heirnisse* et conduisait à la route de Termonde.

L'abbaye communiquait avec l'intérieur de la ville par une porte, située à peu près en face des deux ponts qu'on vient de construire sur la Pêcherie.

Ces portes disparurent avec l'abbaye de Saint-Bavon en 1540.

La démolition de l'abbaye de Saint-Bavon et des portes de l'Hôpital et de Termonde exigea la construction d'une nouvelle porte dans ce quartier. On construisit alors la *Dampoort*, nommée plus tard porte d'Anvers. On la désignait aussi au XVIe siècle sous le nom de *Gheusepoort*.

Elle se trouvait placée à l'origine près du pont en pierre à l'extrémité de la rue d'Anvers. On la renouvela en 1781.

Le creusement du Dock en 1828 entraîna la démolition de cette porte et sa reconstruction de l'autre côté du pont à l'endroit où se trouve aujourd'hui la barrière du chemin de fer de ceinture.

III.

**La porte de la tour. Les Poternes : de « Posternepoort, »
de « Zand- ou Zottepoort » et de « Cuyppoort. »**

La *Turrepoort*, porte de la Tour ([1]), était une des plus anciennes portes de la ville. Elle se trouvait placée, du côté de la place du Marais, près du pont appelé encore aujourd'hui pont de la Tour. Cette porte fut démolie en 1561, à l'exception toutefois de la voûte et de la tour formant le coin du pont actuel (coté nord) qu'on ne fit disparaître qu'en 1841 pour l'élargissement de la rue.

Outre la *Turrepoort*, qui était jusqu'en 1299 la véritable porte extérieure de la ville dans ce quartier, il y avait encore le long du fossé jusqu'à l'endroit où celui-ci se jette dans la Lys vis-à-vis du Palais de justice, trois autres portes ou poternes : la *Posternepoort*, la *Zandpoort* et la *Cuyppoort*. C'étaient plutôt des portes de service faisant partie des fortifications. Au point de vue de la dimension et de la solidité des bâtiments, elles avaient autant d'importance que la *Turrepoort*. Il est probable qu'elles furent construites vers la même époque que celle-ci.

La *Posternepoort* était située au bout de la rue d'Assaut près du pont de ce nom. A la fin du siècle dernier on lui donna le nom de *Bestormpoort* qu'elle continua de porter. Le comte de Flandre, Louis de Male, construisit en 1346 une nouvelle résidence, *het Hof ter Posterne*, sur l'emplacement occupé aujourd'hui par le couvent et l'église des Jésuites.

([1]) Voir nos Pages d'histoire locale gantoise (première Série) page 146.

La *Posternepoort*, quoique comprise dans l'édit de 1540, ne fut pas démolie. Les Jésuites, qui en 1833 avaient acheté l'ancien palais des comtes de Flandre, converti au XVIe siècle en couvent d'Oost-Eecloo, obtinrent en 1842 l'autorisation d'abattre la porte afin de construire leur nouvelle église.

———

La *Zandpoort* était placée à l'extrémité de la rue courte des Violettes près du pont des Folles. Son nom lui venait du terrain sablonneux qui l'entourait. En 1605 les échevins convertirent la porte et les constructions adjacentes en un hospice pour les femmes aliénées. Depuis cette époque on la désigna également sous le nom de porte des Folles, *Zottepoort*.

Elle ne fut démolie, en grande partie du moins, qu'en 1844. La voûte, avec les derniers vestiges de la porte, disparut en 1862.

———

La *Cuyppoort* était ainsi appelée parce qu'elle se trouvait dans le voisinage immédiat de la *Cuypbrugghe* et du *Cuypgat*. Cette porte protégeait le pont, nomme aujourd'hui pont du Jugement. Ce n'était d'ailleurs qu'une simple poterne dont l'ouverture voûtée n'avait pas assez de largeur pour laisser passer une voiture. On la démolit en 1542.

IV.

Porte de Bruges. « Koepoortje » et « Scheyergat. »

Au-delà de la porte de la Tour, *buten turre*, s'étendait la terre de Sainte-Marie, *het Marialand*, qui allait jusqu'à l'extrémité du faubourg actuel de Bruges. Le *Marialand*, avec plusieurs autres terrains, fut cédé à la ville de Gand par le comte de Flandre, Gui de Dampierre, en vertu d'un acte du 1 avril 1299. Par suite de cette acquisition l'enceinte fut également reculée de ce côté de la ville, ce qui entraîna la construction d'une nouvelle porte.

On la nommait *Brugschepoort* et aussi *Waelpoort* ou *Brugschewaelpoort* parce qu'elle se trouvait près d'une pièce d'eau (*Wal* ou *Wael*) faisant partie de la fortification du *Waeldam*. Elle était déjà achevée au commencement du XIV° siècle.

La porte de Bruges était située au-delà du pont de la porte de Bruges et à quelques mètres plus loin que l'aubette servant aujourd'hui de poste des pompiers. Vers le milieu du XVII° siècle on construisit près de la linière actuelle, la Lys, une seconde porte de Bruges appelée porte de secours et dont la construction était devenue nécessaire par le creusement en 1757 de la Coupure.

En face de l'entrée de l'hôpital de la *Bijloke,* à quelque distance de la Maternité, exista jusqu'en 1860 une poterne nommée *het Koepoortje.* Il en est fait mention dans un acte intervenu le 10 juillet 1690 entre les échevins de la keure et l'abbesse de la *Bijloke* au sujet d'une écluse à construire en cet endroit.

La porte ou poterne du *Scheiergat* se trouvait en face de la grande entrée de l'église d'Akkergem. Elle était placée près du pont construit en cet endroit sur le fossé des fortifications, commençant à l'extrémité de la nouvelle Promenade et aboutissant près du pont de la Maternité. Cette porte disparut avec les fossés qu'on combla après 1860.

V.

Ketelpoort et Walpoort.

La porte de France *(porta Galliae)* nommée presque toujours *Ketelpoort,* conduisait, comme son nom l'indique, à la rue menant vers la France. C'était, ainsi que nous l'avons dit en commençant, une des quatre portes primitives de la ville de Gand. Les bâtiments, qui la composaient, se trouvaient élevés des deux côtés du pont des Chaudronniers et étaient reliés entre eux par une solide et épaisse voûte. Il est probable que cette porte fut construite avant le XIe siècle.

La *Ketelpoort* qui, depuis la construction de la porte de Courtrai et de la porte de la Colline dont nous parlerons tantôt, était devenue une porte intérieure, fut également comprise dans l'édit de 1540. Elle continua cependant d'exister jusqu'à la fin du XVIIIe siècle. Ses bâtiments servirent longtemps, surtout au XIVe et au XVe siècle, à enfermer des otages.

———

Ce fut probablement au XIe siècle déjà qu'on creusa le fossé qui longe le rempart des Chaudronniers et relie l'Escaut à la Lys. Ce fossé commence au grand Toquet, *Huidevettershoek,* où il reçoit les eaux de l'Escaut et se jette dans la Lys au pont des Chaudronniers.

Près du pont nommé aujourd'hui, nous ne savons pourquoi, pont Madou on construisit une porte du côté intérieur de la ville. Ce pont et cette porte se nommaient *de Walbrugghe* et *de Waelpoort* parce qu'ils se trouvaient sur le fossé, *wal,* qu'on venait de construire.

On écrivait ordinairement *Walpoort* sans *e* pour la distinguer de la porte de Bruges qui s'appelait également *Waelpoort*. Comme la *Ketelpoort*, la *Walpoort* ne fut entièrement démolie qu'à la fin du XVIII* siècle. Des démolitions partielles eurent lieu en 1562, en 1611 et en 1765.

VI.

L'abbaye ou la ville de Saint-Pierre. La porte de 'a Colline, « Heuverpoort » ; la porte de Courtrai, « Petercellepoort. »

L'abbaye de Saint-Pierre, dont la juridiction comprenait le quartier situé au-delà de la *Wa'poort* et de la *Ketelpoort*, fit en 1253 un traité avec les magistrats de la ville de Gand afin de pourvoir à frais communs aux travaux de défense de la ville et de l'abbaye. Ces travaux comprenaient la construction des deux portes dont nous nous occupons en ce moment.

La *Heuverpoort* et la *Petercellepoort* existaient déjà au XIVe siècle, comme nous l'apprennent les *stadsrekeningen*.

La *Heuverpoort* était située à l'extrémité de la rue de la Colline Cette porte, désignée toujours sous le nom de *Overpoort, Horerpoort, Heuverpoort,* reçut en 1812 le nom de porte de la Colline. Les fonctionnaires, chargés par le préfet français de traduire du flamand en français les noms de nos rues et places publiques, crurent que *Heuver,* corruption gantoise de *Over*, signifiait Colline (*Heuvel*). Ils traduisirent donc *Heuverpoort* et *Heuverstraat* par porte et rue de la Colline. Cette désignation inexacte a été maintenue et subsiste encore aujourd'hui.

L'historien Meyer a fort bien rendu la vraie dénomination par *porta superior*.

Elle fut reconstruite en 1405 et en 1578 et restaurée après le siège de Gand en 1678. Elle subit encore des réparations, mais resta sans changements notab'es jusqu'à sa démolition en 1827. Quelques parties furent cepen ant conservées et ne disparurent qu'en 1860 en même temps que la nouvelle porte construite en 1824. Celle-ci consistait en deux colonnes maçonnées, reliées entr'elles par une double grille en fer.

———

La porte de Courtrai se nommait en flamand *Petercelle-poort*. Elle tirait sa désignation de la dénomination latine de l'abbaye de Saint-Pierre, *Petri cella*. Cette porte était construite à l'extrémité de la rue de Courtrai et au commencement de la chaussée de Courtrai. Nous ignorons à quelle époque on lui donna le nom de porte de Courtrai; celui-ci, de 1808 à 1815, fut à son tour converti en porte Napoléon.

On y effectua de grands travaux de 1572 à 1579. Elle fut reconstruite en 1671. On fit alors l'entrée en zig-zag, de façon qu'il fallait traverser plusieurs portes et plusieurs voûtes avant de savoir pénétrer dans la ville.

La porte de Courtrai, en tant qu'ouvrage fortifié, fut démolie en 1783 en vertu de l'ordonnance de 1781, par laquelle Joseph II fit procéder au démantèlement de plusieurs places fortes des Pays-Bas autrichiens, entre autres de la ville de Gand L'entrée de la ville se fit provisoirement par une palissade placée entre deux murs des anciennes fortifications.

On la reconstruisit à neuf en 1808 sous la forme de deux pavillons reliés par des grilles. Ces grilles furent enlevées en 1860; les pavillons disparurent plus tard quand on créa le nouveau quartier des Glacis.

VII.

La porte de Brabant, « Braempoort »; la porte aux Foins, « Hoypoort ou Steenpoort », et la porte aux Vaches, « Koepoort ». La « Poort ten vijfwindgaten. » La porte de l'Empereur, « Keizerpoort, » et la porte de Saint-Liévin, « St-Lievenspoort »

La porte de Brabant, qu'on nommait aussi *Braempoort* parce qu'elle conduisait au château de la famille *Braem* à Gendbrugge, se trouvait placée à l'extrémité de la rue de Brabant sur le pont du Moulin à eau qui vient d'être démoli récemment.

On ignore à quelle époque cette porte fut construite; tout ce qu'on peut affirmer, c'est qu'elle existait déjà avant le XIIe siècle. La construction du moulin à eau, qui subsista en cet endroit jusque dans ces derniers temps, fut décrétée vers 1290.

La porte de Brabant fut démolie en 1562.

Au-delà de la porte s'étendait autrefois un quartier constituant une véritable commune avec ses échevins et son administration particulière. Cette commune, connue sous le nom de *Pons Brabantiae* ou *Overschelde*, fut incorporée à la ville de Gand en 1253-1254 par la comtesse de Flandre, Marguerite de Constantinople. La ligne de fortifications, de ce côté de la ville, fut alors reculée jusqu'à l'extrémité de la rue de Brabant où l'on creusa un fossé appelé le *Schepenenvivere*.

La *Braempoort* devint une porte intérieure et sur le *Schepenenvivere* on construisit deux nouvelles portes : la *Hoypoort* (nommée aussi *Steenpoort*) et la *Koepoort*.

La *Hoypoort,* ainsi nommée parce qu'elle conduisait aux prairies aux foins appelées *de Hoyen,* était située au bout de la rue de Brabant, à peu près en face du temple protestant (autrefois le couvent des Capucins).

La *Koepoort* était une porte de moindre importance et d'une construction plus modeste que la *Hoypoort*. Elle se trouvait placée à l'extrémité du quai qu'on nomme encore aujourd'hui quai de la porte aux Vaches, *Koepoortkaai*, à peu près à l'entrée de la place Van Artevelde. On la nommait ainsi parce que c'était par là que sortaient les vaches qu'on menait paître dans les prairies de *Hoyen*.

La partie bâtie et habitée de la ville s'étant étendue de ce côté, les fortifications furent de nouveau reculées. Un fossé, qui subsiste encore aujourd'hui, fut creusé et près du pont actuel des cinq Vannes on éleva la porte *ten vijfwin 'gaten*.

Cette porte était déjà complètement achevée en 1325, car dans les comptes de cette année n'us lisons au chapitre des dépenses, concernant les citoyens qui gardaient les portes et les remparts de la ville : « *Teersten iiij soude-* » *nieren die men deden staen... ter poorten ten wint-* » *gaten...* »

La *Vijfwindgatenpoort*, quoique comprise dans l'édit de confiscation de 1510, ne fut cependant démolie qu'en 1796.

Le nouvel agrandissement de la ville eut encore une fois pour conséquence de faire porter plus loin l'enceinte fortifiée. On creusa le fossé qui longe le boulevard actuel de Bruxelles et on construisit les portes de l'Empereur et de Saint-Liévin.

En quelle année commença-t-on cette construction ? On

l'ignore. Tout ce que nous pouvons affirmer, c'est que ces deux portes n'existaient pas encore en 1335. Nous en trouvons la preuve dans les *stadsrekeningen* de cette année. Quand on renseigne les sommes payées aux gardes chargés de veiller aux portes de la ville, ni la *Keizerpoort* ni la *St-Lievenspoort* ne s'y trouvent mentionnées. On y parle de la « *porte ten Wintgaten* » qui était donc encore à cette époque la seule porte extérieure donnant sur la route de Bruxelles. Ce n'est que dans les comptes de 1348 qu'il est parlé de ces portes pour la première fois.

La porte de l'Empereur, plusieurs fois reconstruite, était située à l'extrémité de la rue de Bruxelles, sur le fossé dont nous venons de parler et qui met en communication les deux bras de l'Escaut. Cette porte se nommait à l'origine *Ste-Clarenporte,* parce qu'elle conduisait au couvent de Ste-Claire à Gendbrugge. Nous ne savons en quelle année on l'appela *de Keizerpoort;* elle reçut probablement ce nom parce qu'elle conduisait sur le territoire dépendant de l'empire d'Allemagne. Nous la trouvons déjà mentionnée avec cette qualification dans les comptes de 1377; il est donc inexact de prétendre, comme le font quelques auteurs, que cette porte doit son nom à l'empereur Charles-Quint. Ce n'est qu'au siècle dernier qu'elle prit également le nom de porte de Bruxelles.

La porte de Bruxelles, dont les derniers vestiges ont disparu en 1884 quand on plaça le nouveau pont, avait été reconstruite une dernière fois en 1806.

La porte de Saint-Liévin, *St-Lievenspoort,* qui s'élevait près du pont à l'extrémité de la rue de ce nom, tire son nom ou bien de Saint-Liévin, patron de la capitale des Flandres, ou bien du pèlerinage de Hauthem-St-Liévin, village à trois lieues de Gand dans le pays d'Alost. Dans le traité

La *Muidepoort* existait déjà en 13 37, car il en est fait
mention dans les comptes de cette époque. Nous croyons
que cette porte se trouvait à l'extrémité de la rue de la
Porte du Sas *(Voormuide)*, sans que cependant il soit
possible d'indiquer cet emplacement avec certitude.

La *Muidepoort* fut reconstruite en 1426 sur l'emplacement qu'elle occupa jusqu'en 1783, c'est-à-dire à l'extrémité
de l'*Achtermui* *e* sur la route qui conduit au hameau de
Meulestede. L'ancienne porte continua d'exister en tout ou
en partie, car les désignations de *Oude Muidepoort* et de
Nieuwe Muidepoort restèrent longtemps en usage. Justo
Billiet nous apprend que le quartier situé entre l'ancienne
et la nouvelle porte était habité par des pêcheurs, des
bâteliers et des marchands de bois.

La porte, élevée en 1426, fut démolie en 1783 et reconstruite plus à l'intérieur de la ville. On la plaça dans la rue
de la porte du Sas à peu près en face de l'école communale
actuelle. Cette porte, achevée en 1792, ne subsista pas
longtemps; elle fut abattue en 1829 lors du creusement du
Dock. La nouvelle porte, élevée dans ce quartier, fut construite plus à l'extérieur et au-delà du pont qu'on est occupé
à reconstruire en ce moment. Le pavillon, où se trouve
aujourd'hui le commissariat de police, en faisait partie. La
porte du Sas disparut, comme les autres, en 1860 avec
l'octroi.

IX.

Nous avons dit en commençant que dès le XIV° siècle la
ville de Gand avait la même enceinte que celle qu'elle avait
encore en 1860 lors de l'abolition des octrois et de la
suppression des portes. Tout ce qui se trouvait au-delà de
cette enceinte formait ce qu'on nommait les faubourgs.

Toutes les portes, construites avant le XIVe siècle, étaient donc devenues des portes intérieures. Les bâtiments qui les composaient servaient à un usage public ou étaient donnés en location à des particuliers.

Dans la *Turrepoort*, la *Grauwepoort*, la *Poort ter Schaepbrugghe* et la *Waterpoort* siégeaient les *Vinders* ou juges réconciliateurs de la paroisse de St-Michel. La *Ketelpoort* et la *Koepoort* servaient à renfermer les otages.

La *Braempoort* était convertie en léproserie. L'usage de la *Walpoort* (près du pont Madou) avait été laissé à l'hôpital des tisserands de laine. L'usage de ces bâtiments était parfois cédé gratuitement à des particuliers leur vie durant. Nous trouvons aussi qu'on y déposait le matériel de guerre, *stadsengienen*.

Depuis la loi de 1860 sur l'abolition des octrois, une véritable transformation s'est opérée dans l'aspect des grandes villes. Les barrières, qui arrêtaient leur développement, ont disparu, ce qui leur a permis de s'étendre au loin dans les faubourgs.

Ces changements et ces embellissements ont cependant fait perdre à un grand nombre de villes le caractère d'originalité que leur donnaient les remparts et spécialement les portes d'entrée, *stadspoorten*. C'est pour que le souvenir de ces monuments, témoins muets de notre antique splendeur, ne vienne pas à disparaître entièrement que nous avons voulu leur consacrer cette notice.

Flandre libérale, 17 Mai 1886.

LES VOISINAGES DE GAND.

Peu de villes possèdent au même degré que Gand l'instinct, on pourrait presque dire la passion de l'association. Nos innombrables sociétés en sont encore aujourd'hui la preuve éclatante. Sous l'ancien régime la plupart des sociétés ou corporations avaient une existence légale et ne pouvaient se constituer qu'avec l'agrément de l'autorité. Les voisinages, *gebuurten*, organisés en corps officiels, comptaient certes parmi les plus anciennes et les plus intéressantes.

Nous manquons de données pour fixer l'époque à laquelle les voisinages ont été établis à Gand comme institutions officielles, relevant de l'administration échevinale. Existaient-ils déjà du temps de Van Artevelde? C'est ce qu'il est impossible de constater d'une manière certaine et positive; nous n'avons à cet égard que des suppositions.

L'existence des voisinages doit cependant remonter à une époque assez éloignée, puisque nous les trouvons déjà complètement installés et organisés dans la première moitié du XVIe siècle. Voici par exemple une convention, conclue le 1er septembre 1542 entre les voisins du *Meirhem* et le couvent des sœurs de Madeleine, dites *Fillidieusen*, concernant le curage et l'entretien d'un fossé. Voici encore le

règlement · du ˙ voisinage de la *Langhesteenstrate* du
11 juin 1559, dont l'intitulé et la rédaction indiquent qu'il
ne fait que modifier un règlement plus ancien.

Dans le courant de cette notice, nous aurons l'occasion de ·
citer encore plusieurs documents. du XVI° siècle qui nous
montrent les voisinages, institués officiellement et fonc-
tionnant régulièrement déjà depuis une époque plus ou
moins éloignée et qu'il n'y a aucune témérité à faire
remonter jusqu'au XIV° siècle. Des documents, plus anciens
que ceux que nous venons de citer et auxquels ces derniers
se rapportent, ont évidemment existé mais sont malheureusement perdus ou détruits. Il est vrai que les *stadsrekeningen* du XIV° siècle ne mentionnent pas les *Ghebuerten;*
mais ce silence s'explique par la raison que les voisinages,
ne donnant lieu à aucune dépense à charge de la commune
ni à aucune recette à son profit, les receveurs n'avaient pas
à s'en occuper dans leurs comptes.

Il n'y avait pas d'ordonnance générale, réglant l'organisation des voisinages et fixant leurs attributions. Celles-ci
se trouvaient consignées dans un grand nombre d'édits,
d'ordonnances et de règlements se rapportant à tel ou tel
objet particulier, ainsi que nous le verrons dans la suite.
La même observation s'applique aux droits et aux obligations de ceux qui se trouvaient à la tête des voisinages.

L'administration ou pouvoir exécutif d'un voisinage se
composait du Doyen (*Deken*), de la Doyenne (*Dekeninne*),
du Baillu (*Bailjuw*) et d'un messager (*Knaepe*). Leur mandat avait une durée de trois années. Nous verrons plus loin
quelles étaient les multiples et souvent difficiles fonctions
d'un doyen. Celles de doyenne étaient purement honori-

fiques ; elles consistaient surtout à rehausser les réunions et les assemblées de l'éclat de sa présence ; aux banquets la place d'honneur lui était réservée. Quant au bailli, il était nommé par le doyen et était le secrétaire ou greffier du voisinage, dont il faisait les comptes et tenait le livre, *ghebuerteboeck.*

Voici enfin le Messager ou *Knaepe,* nommé également par le doyen. Il convoquait les voisins aux assemblées, présidait à l'ornementation des rues les jours de processions ou de cérémonies publiques, entretenait les lanternes, remplissait les fonctions de veilleur de nuit, etc., etc. ; il ne laissait surtout passer aucune occasion — *hij kan niet mankeeren* — de féliciter les voisins, en prose et en vers, à la nouvelle année et aux grandes fêtes religieuses, ou bien lors d'un baptême, d'un mariage ou de tout autre évènement de quelque importance. Il était parfois chargé de la part d'un voisin ou d'une voisine d'une mission de confiance, qui exigeait la plus grande discrétion et pour l'accomplissement de laquelle on le récompensait largement.

On voit qu'outre ses appointements fixes, le *Knaepe* avait encore ce qu'en style judiciaire on nomme des émoluments.

Chaque voisinage avait son règlement spécial approuvé par le grand bailli et par les échevins. Ces divers règlements étaient faits, à peu de choses près, sur le même modèle et s'occupaient surtout des rétributions et des amendes à payer par les voisins.

Voici en quoi consistaient principalement les ressources financières des voisinages :

Le doyen, la doyenne et le bailli devaient à leur entrée

en fonctions payer une certaine somme; ils devaient faire la même chose à l'expiration de leur mandat. C'est ce qu'on appelait *de jonste*.

Toute personne, venant habiter dans le voisinage, payait ce qu'on nommait la bienvenue, *den willekom*.

On était tenu, à peine d'amende, d'assister au service funèbre d'un habitant du voisinage et d'accompagner le prêtre qui allait administrer un voisin. C'était là une obligation à laquelle, dans ce temps de religion obligatoire et de culte d'état, personne n'aurait osé se soustraire.

Lors de la naissance d'un enfant, du décès ou du mariage d'une personne de la famille, et lorsqu'un voisin embrassait un état ou entrait dans les ordres, une certaine redevance était due au voisinage. Il en était de même pour le voisin qui achetait ou vendait une maison.

Le voisin ou la voisine qui se rendait coupable d'injures, *crakeel maken*, était condamné par le doyen à payer une amende qui variait, suivant les règlements, de deux à quatre escalins; l'amende était doublée en cas de sévices et triplée s'il y avait eu effusion de sang. Le tout sans préjudice des poursuites à exercer par la justice ordinaire, « *laetende niet min onverlet den groot Baillu en de justitie*, » disent les règlements.

Les voisins étaient également tenus, sous peine d'amende et quand ils se trouvaient dûment convoqués par le *knaepe*, d'assister à toutes les réunions du voisinage.

Toutes ces amendes, bienvenues, rétributions, etc., étaient perçues par le doyen qui, en cas de négligence ou de retard dans les recouvrements, pouvait être rendu responsable en tout ou en partie des sommes restées en souffrance.

Dans les cas où un voisin refusait de payer ses redevan-

ces ou ses amendes, le doyen le citait devant les échevins.
Mais les frais de poursuite étaient la plupart du temps hors
de toute proportion avec les sommes à recouvrer. Pour
remédier à cet abus, une ordonnance du 22 août 1775
stipule que les voisins seront verbalement cités à compa-
raître devant les échevins au lieu de l'être par un officier
de justice.

Telle est à peu près, depuis le XVIᵉ siècle, la teneur
des règlements de voisinage.

S'il arrivait que des rues restaient en défaut de s'organiser en voisinage, ou tout au moins de procéder aux
élections du doyen et de la doyenne, les habitants étaient
poursuivis à la requête du grand bailli et condamnés,
d'après l'ordonnance du 8 janvier 1671, à une amende de
trois florins Carolus.

Le doyen rendait ses comptes lors de l'assemblée trien-
nale dans laquelle il était procédé à l'élection de son
successeur. La reddition des comptes par le doyen sortant
et l'élection du nouveau doyen et de la nouvelle doyenne
ne pouvaient raisonnablement se passer sans être suivies
d'un banquet et d'autres festivités. Prenons un exemple
entre cent.

En janvier 1762 le voisinage de la *Opperhoogstraete*,
allant du pont de la Tour jusqu'à la rue de la Caverne,
célébra par des fêtes, qui durèrent quatre jours, l'élection
des nouveaux titulaires aux fonctions de doyen et de
doyenne. Nous avons devers nous la nomenclature de ce
qui fut bu et mangé pendant ces quatre journées de ripailles
pantagruéliques. Le détail en est effrayant et prouve en
faveur de la solidité et de la capacité des estomacs de nos

pères. Il y eut entre autres un banquet où l'on ne mangea
que du poisson, probablement parce que c'était un jour
maigre. Le menu, qui se trouve transcrit aux comptes du
voisinage, nous apprend que les convives ingurgitèrent
plusieurs centaines d'huîtres, du saumon, du cabillaud,
des carpes, de la barbue, des soles, des brochets et des
homards, le tout arrosé de bière et de vins de divers crûs
et suivi de pâtisseries et de desserts variés. Il y eut un bal
et un feu d'artifice. Les comptes mentionnent les dépenses
faites pour l'orchestre *(de speelmans)*, les fusées *(vuer-
pijlen)* et pour deux voitures — ce qui était un luxe inouï
— qui furent tout le temps au service des voisins et des
voisines jusqu'à quatre heures du matin !

D'autres voisinages s'y prenaient d'une façon plus
modeste. Citons les voisins de la *Kraenleye* (Quai de la
Grue), qui se contentaient ordinairement d'un léger régal,
qu'on appelait *eene kroustillade*, et dont le menu se composait presque toujours d'anguilles avec des tartines
d'*eyerkoek*, du jambon et de la langue fumée, arrosés d'un
pot de bière Entre ce menu et les festins du voisinage de
la rue Haute il y a un abîme.

Les enfants des habitants du voisinage pouvaient aussi
prendre part à quelques-uns de ces repas; mais à condition,
bien entendu, que les parents payassent l'écot de leur
progéniture. Détail ravissant de naïveté : une certaine
catégorie d'enfants avait le droit d'assister gratuitement
aux banquets; c'étaient ceux qui prenaient encore le sein,
die nog aen den boesem liggen, disent les règlements.
Les frais de ces fêtes étaient la plupart du temps couverts
au moyen des *bonis* que présentait la caisse du voisinage,
ou bien au moyen de cotisations volontaires payées par les
participants.

Ces détails paraissent à première vue empreints d'un certain caractère de trivialité; nous avons cru cependant devoir les relater parce qu'ils sont l'image fidèle des mœurs et des habitudes de nos pères, principalement au XVII° et au XVIII° siècle.

———

Qu'étaient, à proprement parler, les voisinages et dans quel cercle d'attributions étaient-ils appelés à se mouvoir?

Comme nous l'avons dit en commençant, aucune ordonnance générale n'a été rendue à cet égard. Pour résoudre cette question, nous devons surtout consulter les comptes et examiner les nombreux édits et règlements dans lesquels il est question de l'administration des voisinages, des droits dont ceux-ci jouissaient et des obligations qu'ils avaient à remplir. Tout ceci se rapporte naturellement aux voisinages, considérés comme corps officiels et reconnus par la commune et qui disparurent en cette qualité à l'époque de la domination française. Les voisinages furent rétablis cependant au commencement de ce siècle, mais à titre volontaire ou officieux, si nous pouvons nous exprimer ainsi. Nous en parlerons également à la fin de cette notice.

———

L'entretien de la voie publique incombait principalement aux voisinages, représentés par leurs doyens. Ceux-ci devaient faire réparer les pavés; nettoyer les rues; curer les égouts et les ruisseaux à ciel ouvert; veiller à ce que les propriétaires qui bâtissaient ou démolissaient des maisons, ne laissassent pas séjourner trop longtemps les décombres dans la rue; empêcher qu'on ne jette des pierres ou des immondices dans les canaux et les rivières; enlever les neiges, etc., etc.

Les doyens devaient tenir des registres de population qu'ils transmettaient à l'autorité communale. Ils étaient aussi obligés de faire connaître à celle-ci les mendiants et les vagabonds qui circulaient dans le voïsinage.

En cas de processions et de réjouissances publiques, c'étaient les doyens, aidés de leur *Knaepe,* qui étaient chargés de faire pavoiser les rues et orner les maisons.

L'éclairage public était également une charge incombant aux voisinages. Une ordonnance du 4 mars 1587 porte que de six en six maisons, il y aura une lanterne pendue au milieu de la rue au moyen d'une corde se mouvant dans une poulie, « .... *Bevelende dat er van zes huusen te zes* » *huusen up de rechte straten in elcke ghebuerte eenen* » *lanteerne met eene bernende keerse over de strate an* » *een ghespannen coorde uutghehanghen sal werden* » *danof doncosten ommeghestelt sullen wesen naer elcx* » *ghestaethede by de dekens van den Ghebuerten.* » Comme l'ordonnance ne fait nulle distinction quant à la dimension des maisons, les distances entre les lanternes devaient être très inégales. Il y avait donc des parties de rues, surtout celles occupées par des personnes demeurant dans de grandes habitations, qui se trouvaient plongées dans une obscurité quasi-complète.

Ces lanternes subirent nécessairement des modifications et des améliorations successives, jusqu'à ce qu'en 1772 on adopta des lanternes d'un nouveau modèle et dont l'introduction fut un véritable évènement pour les habitants de la ville de Gand. Nous voulons parler des « *nieuwe lanternen* » *met twaelf wieken a reverber ofte van de nieuwe* » *fransche goeste.* » L'usage de ces lanternes, disent les comptes des voisinages, constituait une économie notable dans la consommation de l'huile.

Dans chaque voisinage se trouvaient déposés des crochets, des échelles, « *brantleeren ende branthaeken* » dit l'ordonnance du 19 juin 1589, et un certain nombre de seaux en cuir pour porter secours en cas d'incendie. On peut encore voir des spécimens de ces seaux dans notre nouveau musée communal d'archéologie, où sont réunies tant de pièces curieuses pour notre histoire locale.

Une ordonnance du 2 septembre 1766 fixe le nombre des seaux dont chacun des voisinages de cette époque devra être fourni. Il y en avait également à l'hôtel de ville, au beffroi, chez le roi des ribauds. *de koning der morkinderen,* et dans les différents couvents. Ce nombre était très considérable, car l'énumération, qui en est faite dans cette ordonnance, dépasse le chiffre de douze cents.

Afin que l'eau ne vînt pas à manquer en cas d'incendie les doyens étaient tenus en hiver, quand les rivières étaient gelées, de maintenir dans la glace des ouvertures *(lommen)* d'un certain diamètre.

Ces seaux, ces crochets et ces échelles constituaient tout le matériel dont la ville pouvait disposer autrefois en cas de sinistre. Ce n'est que vers la fin du XVII° siècle que nous voyons apparaître à Gand les premières pompes à incendie.

La ville de Gand était divisée en 242 voisinages, répartis entre 19 quartiers. *Wijken* ou *Hooft-quartieren.* Ces quartiers étaient désignés de la manière suivante dans les ordonnances :

Hoogstraete, Burgstraete, op 't sant, Gaereplietse, Nieuwstraete, Tijkstraete St-Pieters, Nieuwe Muydepoorte, tusscen Muyde, Overschelde, Cooremerkt, Majorlijnstraete, Huilerettershoek, Cauter, Onderberghen, Slijpstraete, Meirhem, Langhemunte, Geltmunte, Eckerghem.

Un grand nombre de voisinages se composaient de plus d'une rue. Quelques rues au contraire, étaient divisées en plusieurs voisinages. La rue Haute par exemple, formait trois voisinages : *de opper, de middel en de korte Hooghstraete* ; le *Brabanddam* en formait quatre; la *Slijpstraete* trois; le *Voormuyde* trois et ainsi de suite.

On ne se contentait pas, la plupart du temps, d'indiquer le voisinage par le nom de la rue ou des rues qui le composaient; on y ajoutait encore d'autres indications de nature à en fixer exactement les limites. En voici quelques exemples :

« *De Voormuide tusschen de twee greppen.* » Règlement de 1611.

« *De Cortesteenstraete, haer bestreckende van aen de* » *schaepbrughe alias (gheseyt) t' sleuterkensbrughe ende* » *de herberghe ghenaemt de Roose, alsoo voorts tot den* » *hoeck van de vier wegschen tusschen de slijpstraete* » *ende het sluyseken voorts tot het leste huys op het* » *feldieusenhameken, alwaer is wonende d'heer N. Block* » *in de prochie van Sente Salvator gheseyt heilig kerst.* » Règlement de 1635.

« *De gebuerte streckende van den huyse Capitein Guil-* » *liame Hamerlinck tot den wyck van den voghelsanghe* » *ende also lancx het brau tot den huyse Jooris Ver-* » *beke.* » Règlement de 1665.

« *De beestenmerkt, beginnende van het eerste huys nier*

» *den hoek van 'le nieustraete voorbij het schaillenda·k*
» *bij de Culvermei·ckt ende van de selve beestenmerckt tot*
» *aen de greppe van de Meerelbeke straete.* » Règlement
de 1668.

Nous pourrions encore citer un grand nombre de ces
dénominations. Celles-ci suffisen· à montrer l'exactitude
avec laquelle on tenait, afin d'éviter les conflits, à fixer
d'une manière précise les limites des divers voisinages.

———

Nous avons indiqué plus haut quelles étaient les principales fonctions des doyens Voici, pris au hasard, quelques
autres objets sur lesquels s'exerçait également l'activité
des voisinages.

Par acte du 8 octobre 1554 un voisinage donne en location la pêche de la vieille Lys, à condition de nettoyer et
d'approfondir cette rivière et de reconstruire un pont de
bois : « *Gheburen van 'en berauwe, guld n beerghe ende*
» *meerhem ghelandt ande oude Leye achter tmeerhem*
» *ghecons nteer; de visscherij aldaer voor 3 jaeren in*
» *recompense van het ruymen, delven ende maecken van*
» *een houte brugghe.* »

Les voisins de l' « *huvettershouck* » pouvaient seuls faire
blanchir leurs effets dans ce quartier, « *alleen aldaer*
» *hu·rlieden clee leren te bleeckene* » Du 27 avril 1557.

Sur la requête des voisinages, touchant au couvent des
carmes déchaussés. les échevins décidèrent par leur ordonnance du 16 juin 1619 que ces derniers seront tenus de
nettoyer le cours d'eau, qui traverse leur propriété et qui
reçoit les eaux des voisinages des *Meerschstraete, Abra-
hamstraete ende Botermanstraelien.*

Le doyen du quai de la Grue, *Craenleye,* demande

l'autorisation d'y planter des tilleuls comme il s'en trouve au quai au Blé. Cette demande lui fut accordée le 13 mars 1673 « ... *mits dat die groeyen ten prouffijte van*
» *de stadt en dat de calchijde dieder moeten op, henomen*
» *worden sullen door de supplianten moeten ghestelt*
» *worden in de behoorlicken stuet.* »

On voit que de tout temps on a compris quelle utilité et quel agrément il y a pour une grande ville d'avoir des plantations sur la voie publique. Sous ce rapport on a beaucoup fait à Gand depuis quelques années dans l'intérêt de la salubrité publique et du pittoresque; de nouvelles plantations ont été aménagées et de nouveaux squares ont été créés dans plusieurs quartiers de la ville.

Il est probable que les arbres du quai au Blé et du quai de la Grue disparurent, parce qu'ils étaient un obstacle au chargement et au déchargement des bâteaux qui se faisaient en ces endroits.

———

Il arrivait souvent que des voisinages élevaient à leurs frais des enfants trouvés ou abandonnés. Des dépenses relatives à l'entretien de ces enfants se trouvent relatées dans plusieurs comptes. Ceux-ci mentionnent également que l'une ou l'autre voisine se chargeait de l'allaitement lorsque le *vondeling* était un nouveau-né.

———

Quand un contingent de soldats était réclamé de la ville, les échevins ordonnaient aux doyens de convoquer leurs voisinages, afin que ceux-ci fournissent les fonds nécessaires pour avoir le nombre de militaires voulus. Faute de quoi on procédait à un tirage au sort. Un exemple nous en est fourni dans l'appel fait par les échevins le 7 février 1747.

Les gamins du siècle dernier, dignes précurseurs de ceux de notre temps, avaient l'habitude d'orner les maisons particulières et les établissements publics d'inscriptions et de dessins à la craie ou au charbon, « *met kruyd, roode* » *aerde ende kolen.* » Ils se permettaient également de tirer à l'arc, de jouer à la balle sur la voie publique et de tendre des cordes dans la rue afin de faire tomber les passants. Les échevins, par leur ordonnance du 23 février 1774, voulurent mettre fin à cet état de choses et chargèrent les doyens de poursuivre les délinquants.

Mais sachant, peut-être par expérience personnelle, que la plupart de leurs concitoyens s'étaient rendus coupables des mêmes peccadilles, les échevins recommandent aux doyens de ne pas fermer les yeux sur les délits qu'ils constatent, « *interdicerende eenige oogluykinge te plegen.* » Nous devons également supposer que les jeunes gantois étaient incorrigibles, car l'ordonnance de 1774 en rappelle d'autres plus anciennes et relatives aux mêmes objets.

Outre les fonctions officielles que nous venons d'énumérer, les doyens, seuls ou assistés de deux voisins notables, étaient souvent appelés à aplanir les difficultés qui s'élevaient entre des habitants du voisinage.

Cette espèce de juridiction volontaire et gracieuse était une de leurs plus belles attributions. Les doyens l'exerçaient d'ailleurs avec un tact et un discernement qui faisaient, dans presque tous les cas, accepter leurs décisions par les parties avec l'autorité de la chose jugée. Envisagées à ce point de vue, il nous est permis de regretter la disparition de ces utiles institutions locales.

Pendant la période de la révolution brabançonne les voisinages procédèrent à l'élection des membres de la Collace. C'était, ainsi que cela se pratiquait d'ailleurs pour d'autres corps constitués, une élection à deux degrés. Voici comment on procéda :

Dans chaque voisinage les habitants, contribuant aux charges de celui-ci, *quotisabel in de gebuerelijke rechten*, choisirent un électeur. Ces électeurs, ainsi nommés par les divers voisinages, se réunirent ensuite par paroisse et choisirent les 49 membres de la Collace, à raison de sept membres par chaque paroisse.

Lors de l'invasion de notre pays par les armées françaises, les généraux Bourdonnaye et Duval ordonnèrent, par leur proclamation du 13 novembre 1792, de procéder de la même façon à la nomination de 49 citoyens chargés de formuler un règlement pour l'élection des représentants de la ville de Gand.

Pendant les troubles qui signalèrent la période agitée de la révolution brabançonne, les fonctions de doyen de voisinage ne constituaient pas une sinécure. Les mesures de police que les doyens devaient prendre et faire exécuter étaient nombreuses et parfois d'une nature très délicate. Telle était la surveillance à exercer sur les étrangers et sur les personnes suspectes, telles étaient aussi les prescriptions à observer pour maintenir la tranquillité et le repos publics.

Bornons-nous à citer l'ordonnance du 24 novembre 1789, renouvelée le 2 décembre 1790, qui organise ou plutôt réorganise le service des gardes de nuit par voisinage et ordonne aux habitants d'allumer, en hiver et dès la fin du jour, des feux dans la rue et d'éclairer les fenêtres de leurs maisons depuis six heures du soir jusqu'à six heures du matin.

Ceci nous amène à dire quelques mots d'un genre de fonctionnaires qui, avant 1853, jouissaient d'une certaine célèbrité dans notre bonne ville de Gand. Nous voulons parler des veilleurs de nuit. Nous n'entrerons pas dans beaucoup de détails; nous nous réservons d'en parler plus amplement dans une page d'histoire locale consacrée à plusieurs catégories de fonctionnaires publics de la ville, aujourd'hui disparus, tels que les timbaliers, les trompettes, les *stadswakende mannen*, les veilleurs de nuit, les *crehierders*, les hallebardiers, etc., etc.

Les veilleurs de nuit étaient nommés à l'origine par les échevins. L'ordonnance du 3 décembre 1563 donne l'énumération des devoirs qu'ils avaient à remplir. Le nombre et le mode de nomination de ces modestes et utiles fonctionnaires changèrent plusieurs fois; diverses ordonnances et édits fixent les règles qu'il faut suivre à cet égard. Les ordonnances de 1563, 1568, 1675, 1687, 1690, 1703, 1735, 1786, pour ne citer que celles-là, renferment des détails très curieux et parfois très naïfs. En 1817 on réorganisa complètement le service dela police de nuit qu'on mit à charge des voisinages.

Par décision du conseil communal en date du 10 décembre 1853, la police de nuit devint un service communal qui fut organisé tel qu'il fonctionne aujourd'hui. Ce service est admirablement fait; et nous pouvons dire sans être taxé d'exagération, que dans aucune ville du pays et même de l'étranger n'existe un corps de veilleurs de nuit pareil à celui que nous possédons à Gand.

A l'entrée des souverains, les doyens avaient l'habitude de faire partie du cortège qui allait recevoir le prince aux portes de la ville. Ils étaient en même temps chargés dans ces occasions, comme nous l'avons vu plus haut, de présider à l'ornementation et à la décoration des rues. Ceci nous amène à montrer de quelle façon sous le régime impérial français et sous le régime néerlandais les autorités avaient l'habitude de s'adresser à leurs administrés.

Le 4 mai 1810, arrivent à Gand l'empereur Napoléon et l'impératrice. Voici en quels termes, d'une urbanité exquise, l'administration fait part de cet évènement aux doyens de voisinage : « A la réception de cette lettre, vous aviserez » aux moyens de faire décorer et illuminer votre voisinage, » pour le jour de l'arrivée de L. L. M. M.. » On ne peut être plus poli! Il est vrai d'ajouter que nous étions pays conquis et qu'on nous traitait en conséquence. Cinq ans plus tard, le 4 septembre 1815, entrée du roi Guillaume à Gand. Les doyens sont invités à prendre part à la réception dans les termes suivants : « le maire invite les doyens à se » rendre à dix heures du matin hors la porte de Bruxelles » pour assister à la réception et pour accompagner le » cortège. »

Sous le gouvernement impérial français on ordonne, sous le gouvernement constitutionnel néerlandais on invite. La différence du procédé est digne d'être notée.

———

Pendant les premières années de l'annexion de notre pays à la France, les doyens n'eurent pas souvent le temps de rester inactifs. Logements militaires, réquisitions forcées, distributions de secours extraordinaires aux pauvres, passeports, fêtes obligatoires, etc., etc., c'était toujours aux doyens qu'on s'adressait.

La nouvelle organisation municipale, donnée à la ville

de Gand en 1795, entraîna la suppression des voisinages
en tant qu'institutions officielles. Un arrêté municipal du
24 brumaire an XIII (15 novembre 1804), approuvé par le
préfet, rétablit les anciens voisinages, mais sans leur
restituer aucune de leurs attributions d'autrefois. Ce
n'étaient plus que des réunions d'habitants d'un même
quartier, « pouvant, » comme le dit l'arrêté, « adresser
» toujours avec confiance aux autorités locales toutes les
» observations et réclamations qui tendront au bien de leur
» voisinage.... »

De leurs anciennes prérogatives les voisinages n'en conservèrent qu'une seule, celle de pourvoir au service des
veilleurs de nuit, prérogative qu'ils n'exercèrent d'ailleurs,
comme nous venons de le dire, que jusqu'en 1852. Tout
le reste se borna à festoyer lors de l'élection du doyen et
de la doyenne, à prier officieusement les voisins d'arroser
les rues en été et d'enlever la neige en hiver, à orner les
rues les jours de fêtes publiques ou à y planter des sapins
sur le passage des processions. Peu à peu enfin, dans les
rues où les voisinages continuèrent de subsister, ce ne
fut plus qu'à titre de réunions intimes, destinées à entrete-
nir des relations d'amitié entre les habitants d'un même
quartier.

Il ne faut pas supposer toutefois que les voisinages
cessèrent complètement de donner signe de vie. Loin de là ;
à tous moments des fêtes sont encore organisées dans l'un
ou l'autre quartier soit en l'honneur du doyen et de la
doyenne nouvellement élus ou d'un voisin auquel une
distinction honorifique a été accordée, soit à l'occasion d'un
anniversaire ou d'un évènement important quelconque.

Nous allons en citer quelques exemples :

Pendant plusieurs années, depuis 1856 si nous ne nous trompons, les voisins de la place d'Armes se réunissaient tous les ans à un banquet, suivi d'un bal, qui se donnait soit au *Motje*, soit à l'estaminet l'*Allée verte* au faubourg de la porte de Bruges. — Dans le programme des fêtes, qui se donnèrent en 1879 dans le voisinage du *klein Turkye*, nous voyons figurer un bal composé de 14 danses, chacune d'elles à exécuter dans un estaminet différent du quartier. — En fait d'idées originales, nous devons signaler celle d'un doyen de la rue de la Vallée, nommé De Keghel, qui à l'occasion de son élection envoya aux voisins une carte de remercîments sur laquelle se trouvait gravé un jeu de quilles. — Citons encore le voisinage de la place Sainte-Pharaïlde qui célébra en 1875 par des banquet, bal, illumination, concert, ascension de ballons et jeux populaires le 250e anniversaire du renouvellement de ses ordonnances. — Chacun de nous se rappelle encore les fêtes si cordiales et d'un caractère si original, données en 1882 par les voisinages réunis de la rue basse des Champs, de la rue Savaen et du rempart des Chaudronniers, par le voisinage du marché du Vendredi et par celui de la place Saint-Jacques.

Nous pourrions, par un grand nombre d'autres exemples, faire voir que cet excellent usage d'organiser les quartiers en voisinages est loin d'avoir disparu et que l'institution des doyennés, cette vieille forme de magistrature populaire, continue de subsister de nos jours. Citons-en deux qui sont caractéristiques et qui donnent la mesure exacte des sentiments libéraux dont est animée la population gantoise.

Lors du cortège de la Pacification de Gand en 1876, l'administration communale fit un appel aux doyens des

voisinages et les convoqua à l'hôtel de ville pour s'entendre avec eux sur les mesures à prendre dans l'intérêt de
la bonne réussite des fêtes. Malgré l'anathème, jeté par le
clergé catholique sur ces fêtes de la tolérance religieuse,
les doyens se rendirent presque tous à l'appel des magistrats communaux. Récemment encore, le 11 décembre 1881, n'avons-nous pas vu les députations de plus de
deux cents voisinages, leurs doyens en tête, prendre part
à la manifestation organisée en l'honneur du bourgmestre
Charles de Kerchove?

Et de nos jours encore, lors des distributions de prix aux
élèves de nos écoles communales, ne voyons-nous pas les
doyens de voisinage, d'accord avec les habitants de la rue,
organiser des fêtes, des sérénades et des illuminations en
l'honneur des élèves qui obtiennent des distinctions?
Depuis que la funeste loi de 1884 sur l'enseignement a placé
notre malheureux pays à la queue des nations civilisées,
ces manifestations ont pris un caractère de généralité et de
solennité même, pourrions-nous dire, qu'elles n'avaient pas
autrefois.

Ceci nous permet de conclure en affirmant que si autrefois les principales fonctions des doyens de voisinage consistaient à orner les rues pour le passage des processions,
à faire la collecte pour l'achat d'une *pestkaars* ou à convoquer les voisins pour les prier d'assister à l'une ou l'autre
cérémonie religieuse; aujourd'hui il n'en est plus de même.
Toutes les fêtes et toutes les manifestations, organisées
dans les voisinages, ont un caractère libéral et démocra-
tique qui n'est que l'expression des sentiments dont est
animée l'immense majorité de la population gantoise.

Flandre libérale, 28 Septembre 1885.

LE CARNAVAL A GAND AUTREFOIS ET AUJOURD'HUI.

De notre temps, les gens paisibles et de mœurs tranquilles se plaignent souvent du trouble qu'apporte dans leur existence le tapage de la rue pendant les journées du carnaval. Qu'auraient-ils dit, ces braves et quelque peu grincheux bourgeois, s'ils avaient dû vivre au XIVᵉ siècle alors que les folies du carnaval, au lieu de ne durer que quelques jours comme actuellement, se prolongeaient pendant plusieurs semaines ? On voyait à cette époque des gens masqués et déguisés courir dans les rues de la ville de Gand depuis le jour des innocents, c'est-à-dire le 28 décembre, jusqu'au dimanche après le mercredi des cendres.

L'autorité communale essaya à plusieurs reprises de mettre bon ordre à ce besoin prématuré de travestissements, dont était atteinte la population gantoise. Mais les édits et les ordonnances, rendus à ce sujet, furent renouvelés tant de fois que tout nous donne lieu de croire que cette habitude était tellement passée dans les mœurs qu'au bout de fort peu d'années les mêmes abus se reproduisaient.

Dans l'ouvrage de M. N. de Pauw, *de Voorgeboden der stad Gent in de XIVe eeuw*, nous trouvons plusieurs ordonnances défendant de se masquer avant l'époque du carnaval. Voici d'abord celle du 5 janvier 1337 (v. s.) où il est dit : « *Voert dat niemen omme en ga met verkierden* » *aensichten no dansen no ryen... up de boete van* » x *pond.* » Celle du 28 décembre 1349 est encore plus sévère ; elle est ainsi conçue :

« *Actum in alrekinderdach.*

» *Dat niemen en ga no ne ride te paerde, te waghene,* » *no te voet, met bedecten aensichten up* iij *pond, de* » *paerde, waghene ende al verbuert.* »

En ce temps, et probablement auparavant déjà, les gens travestis ne se contentaient pas de courir les rues à pied, on les rencontre également à cheval ou sur des voitures, *waghene,* aménagées pour la circonstance. L'édit de 1349, outre une amende de trois livres, va jusqu'à prononcer la confiscation des chevaux et des véhicules, appartenant à ceux qui dès le mois de décembre se montrent masqués, *met verkierden aensichten* ou *met bedecten aensichten,* dans les rues et sur les places publiques de la ville.

———

Il ne faut pas croire que le peuple seul se livrait à ces plaisirs bruyants et parfois grossiers. Toutes les classes de la société, depuis le simple ouvrier jusqu'au riche bourgeois, *poorter*, y prenaient part. Le *Memorieboek* de la ville de Gand nous donne la relation de la façon dont les membres du clergé, *de Parochiepapen en Clercken,* célébraient le Carnaval en l'an de grâce 1482.

Ils organisèrent une espèce de cortège dans lequel figurait, comme personnage principal, un pape auquel **ils** avaient donné la qualification fort peu respectueuse de *Eselpaus*, pape des ânes. Ils parcouraient ainsi les différents quartiers et entraient dans les maisons particulières où ils se faisaient servir à boire et à manger. Si les habitants ne leur ouvraient pas volontairement la porte de leurs demeures, les compagnons de l'*Eselpaus* y pénétraient de force; *zy moesten 't huis beclemmen met grooten aerbeyt.* Cet assaut ou cette escalade, il est vrai, n'était pas sans occasionner quelques désagréments aux assiégeants tonsurés. Car l'écrivain, qui nous raconte les prouesses carnavalesques des curés gantois, *Parochiepapen* comme on les nommait au moyen âge, nous apprend qu'on repoussait les assaillants en leur versant ou en leur jetant des ordures sur la tête, *groote vulichede*.

Ces plaisirs, d'un goût plus que douteux, n'étaient pas de nature à inspirer un profond respect pour le clergé qui avait l'habitude de s'y livrer. Hâtons-nous toutefois d'ajouter qu'en ce temps, les prêtres catholiques de tous les pays célébraient à peu près de la même manière les journées du Carnaval. En France, notamment, dans plusieurs localités les curés, vicaires, sacristains, bedeaux, chantres et enfants de chœur se travertissaient et introduisaient dans l'église un âne, affublé d'ornements sacerdotaux. Tous ces gens, sans égard pour le lieu où ils se trouvaient ni pour le caractère dont ils étaient revêtus, se prosternaient devant maître Aliboron et lui rendaient les mêmes hommages qu'à un évêque ou à un pape.

Les curés gantois en organisant la cavalcade de l'*Eselpaus* ne faisaient donc que suivre l'exemple de leurs confrères de l'étranger.

Les magistrats communaux, s'ils ne prenaient pas directement part au carnaval de la rue, ne laissaient pas cependant passer cette occasion de se divertir entre eux. Les comptes de la ville nous fournissent à cet égard des renseignements précis. Nous y trouvons en effet que des banquets, payés avec les fonds de la commune, se donnaient à la maison de ville le dimanche du carnaval connu sous le nom de *papen vasten avont*.

Les comptes de la ville portent qu'au banquet de 1483 assista le jeune fils de l'empereur Maximilien, qui fut plus tard souverain des Pays-Bas sous le nom de Philippe-le-Beau. Ce banquet, auquel assistaient également les seigneurs de la suite de Philippe, coûta plus de 90 livres de gros, soit environ 1000 fr. de notre monnaie; ce qui est un joli denier pour l'époque. « *Item betaelt*, » disent les comptes, « *ter causen van den bancquette, ghe-* » *gheven tsondachs up den papen vasten avont den lesten* » *dagh van Sporcle 1483 up den nieuwen collatiesolder* » *te wetene an hoggen ende moghende heere den hertoghe* » *Philips onsen naturlycken ervachtighen prince...* »; suit l'énumération de tous les personnages de distinction qui figuraient parmi les convives.

Ces banquets du *papen vasten avont*, auxquels prenaient part tous les employés de la ville, étaient servis avec un tel luxe que le montant de la carte à payer atteignait un chiffre, qui allait en augmentant tous les ans. Le règlement de la ville de Gand du 10 décembre 1672, pour mettre fin à ces prodigalités, stipule qu'à titre d'indemnité chaque invité recevra une somme de 4 livres, avec laquelle il devra payer son écot, soit qu'il ait assisté ou non au banquet du carnaval.

Cette mesure d'économie fut prise parce que, comme le

dit l'article 65 du règlement, la ville avait parfois à payer une somme de 3000 florins pour les frais du *Vastenavont-bancket.* Sous l'empire du nouveau règlement les convives annuels du Carnaval n'avaient d'ailleurs pas à se plaindre, car avec les 4 livres, qui leur étaient allouées en 1672 et qui représentaient environ 44 fr. de notre monnaie actuelle, il leur était encore facile de se composer un menu qui ne laissât rien à désirer ni comme qualité ni comme quantité.

Nos pères, pendant les journées du Carnaval, organisaient des cortèges satiriques qui, sous bien des rapports, ne le cédaient pas à ceux qui circulent dans nos rues aujourd'hui. Le registre B. B. des archives communales renferme, sous le titre de « *een ghenouchelic vastenavont-spel* », le récit détaillé de l'entrée solennelle, en 1526, de l'empereur du quartier du Bas-Escaut, *de Keyser van Overschelde.*

Afin de rendre le trajet aussi long que possible et de permettre ainsi à presque toute la ville de contempler les splendeurs de la cour de ce souverain d'un jour, le lieu de réunion était fixé à Roygem. Voici l'itinéraire, d'une longueur plus que respectable, suivi par l'empereur pour rentrer dans ses états d'*Overschelde :* faubourg et porte de Bruges, rue Haute, rue Saint-Michel, rue de la Vallée, pont des Récollets, rue des Champs, marché aux Grains, marché aux Légumes, rue Haut-Port, la place devant l'hôtel de ville, rue Magelein, rue aux Vaches, rue de Brabant et de là dans son empire en passant par la *Braempoorte.* Arrivés au marché aux Légumes, l'empereur et sa suite poussèrent une pointe jusqu'à la porte grise, *de Grauwpoort,* située à l'extrémité de la place de l'Écluse, où un banquet était préparé : « *ende hij* » *festeerde alle zijne edele,* » lisons-nous dans le *Memorie-boek*, « *ende gaf hemlieden een bancket an de Graupoorte* » *up tsluisekin dat es skeysers camere.* »

L'empereur d'*Overschelde*, pour éviter toute contestation, avait rendu un décret réglant l'ordre des préséances à observer par les personnes de distinction et les têtes couronnées qui formaient sa suite. On y voit figurer : *den heere vande Waelpoorte, den souverein vanden Passe, den heere vanden Callanderberch, den coninc vande Veltstrate, den dekin vande Keeremelcmaert, de cardinael vanden Ouderburch, den coninc vanden Coorenaerde, mevrouw vande Langher Meere,* etc. etc. Il y avait ainsi une quarantaine de personnages princiers, *princelicke mannen,* accompagnés de leurs suites particulières.

Cette énumération nous permet de juger de l'étendue que devait avoir ce cortège, qui mit plusieurs heures à parcourir le trajet que nous venons d'indiquer.

Les plaisanteries auxquelles se livraient ceux qui se masquaient, *vermomden ofte verkeerden*, ne brillaient pas toujours par la délicatesse et le bon goût. Les échevins durent, à différentes reprises, rendre des ordonnances pour mettre un terme à l'audace toujours croissante des individus déguisés. Ils ne se contentaient pas d'invectiver les passants, mais ils se permettaient encore de leur lancer toutes sortes d'ingrédients d'une propreté plus que douteuse.

Voici par exemple comment l'ordonnance du 7 janvier 1545, transcrite dans le registre C. C. au folio 17,

s'exprime à ce sujet : « *Dat soo wie verkeert ofte ver-*
» *momdt zullen willen gaen, dat tselve geschiede zonder*
» *stocken, messen ofte andere wapenen te draghene,*
» *maer paysivilic zonder eeneghe vilonye te doene, tsij*
» *met werpen van doode catten ofte andere prijen, vuyle*
» *dweylen, moore ofte eenighe andere vuyligheden.* »

Cette description des objets que les masques du
XVIᵉ siècle avaient l'habitude de jeter à la tête des paisibles spectateurs et où nous voyons figurer des chats morts,
des torchons et de la boue, nous montre que nos pères
n'étaient pas très difficiles sur le choix de leurs projectiles.
Aussi croyons-nous que le genre de combats, auquel on se
livrait autrefois dans les rues de Gand, n'avait rien de
commun avec la fameuse bataille des fleurs du carnaval
de Nice.

Il était aussi d'usage à Gand de courir les rues, pendant
les nuits du carnaval, avec des torches allumées, de la
résine brûlante, de la paille enflammée fixée au bout d'une
perche, des *vierpannen*, etc. Ce jeu, qui devait offrir
beaucoup de danger, fut défendu plusieurs fois. Les échevins renouvelaient de temps en temps cette défense qui,
au bout de quelques années, cessait de nouveau d'être
observée.

La dernière ordonnance, qui prohibe cet usage, est du
19 février 1494. Elle mit fin, croyons-nous, au plaisir de
lopen snavens met vier ende wallemen, courir le soir avec
du feu et de la fumée. Cette ordonnance des échevins
édictait une amende de trois livres parasis contre les
délinquants.

La coutume de faire commencer le Carnaval avant la

nouvel an était restée dans les mœurs. Les échevins rendaient de temps en temps une ordonnance pour défendre
qu'on se masquât avant l'époque fixée. Rien n'y faisait ; on
recommençait l'année suivante et l'autorité était obligée de
fermer les yeux. Pendant la période si agitée de la
seconde moitié du XVIᵉ siècle, notamment en 1569 aux
plus mauvais jours de la tyrannie du duc d'Albe, une
pareille ordonnance fut encore publiée à Gand. Il est vrai
qu'on ne dut plus la renouveler.

On conçoit en effet qu'à cette époque, alors que les
bûchers, le glaive et la potence fonctionnaient en permanence sur nos places publiques, les Gantois étaient peu
disposés à se livrer aux délassements du Carnaval. L'autorité ecclésiastique craignant cependant que nos ancêtres,
qui presque tous partageaient les idées nouvelles ne se
permissent, à la faveur du masque et du déguisement, de
faire quelques allusions blessantes pour le clergé ou les
Espagnols, cette autorité, disons-nous, contraignit les
échevins, à la fin du XVIᵉ siècle, de rendre des ordonnances interdisant d'une manière absolue de se masquer et de
se déguiser pendant les journées du carnaval.

———

Au régime de terreur du XVIᵉ siècle succéda au siècle
suivant le régime de béate dévotion, inauguré par le règne
des archiducs Albert et Isabelle. La partie la plus virile et
la plus active de la population flamande avait été décimée
ou avait passé à l'étranger pour se soustraire aux horreurs
de l'inquisition et aux cruautés des milices espagnoles.
Ceux qui avaient survécu aux massacres et qui étaient restés
dans le pays, devaient imiter l'exemple de leurs souverains.
Les seuls plaisirs permis à la bourgeoisie et au peuple

gantois consistaient à suivre les processions et les pèleri-
nages où à écouter les prédications des moines de toutes
couleurs et de toutes robes, pour qui notre pays était la
terre promise.

Joignez à cela l'état de guerre permanent entre les
grandes puissances européennes, qui venaient vider leurs
querelles sur le territoire des Pays-Bas.

Rien d'étonnant donc à ce que la bonne et franche gaité
gantoise, parfois un peu vive et grossière, ait au XVIIᵉ siècle
et surtout au commencement, disparu momentanément de
nos fêtes publiques. Le Carnaval était devenu triste et
morose. Plus de cavalcades, plus de cortèges satiriques, à
peine quelques piètres déguisements sans nulle signification.

Aussi n'avons-nous rencontré pendant le XVIIᵉ siècle
qu'une seule ordonnance des échevins sur le Carnaval.
Elle est du 29 novembre 1629 et défend de se masquer,
eenighe mascherije te doen, le jour de la nouvel an, le
jour de la Ste-Pharaïlde et pendant deux autres jours
nommés *derthien dach* (le jour des rois ou Épiphanie) et
verzworen maendach. Cette absence de toute mesure de
police vient à l'appui de ce que nous disions tantôt au sujet
du peu d'animation que présentait le carnaval de cette
époque.

———

Au XVIIIᵉ siècle la vie semble renaître quelque peu;
l'animation et l'entrain reparaissent dans les fêtes publiques. Nous en trouvons la preuve dans les nombreuses
ordonnances sur le Carnaval de ce temps. Défense de
porter des armes ou des bâtons, défense de lancer des
boules de neige, défense de se déguiser d'une façon
inconvenante, *met onbetaemelycke ende ongewoonelycke*

kleederen te loopen. Nous rencontrons également des ordonnances prohibant les chansons indécentes, *oneerlycke liedekens.* D'autres défendaient aux hommes de s'habiller en femmes et réciproquement. Le type bien connu, désigné sous le nom un peu cru de « *slonse* », faisait déjà à cette époque le plus bel ornement du carnaval des rues.

Le pouvoir religieux, alors comme aujourd'hui pourrions-nous ajouter, était tout puissant et dictait ses lois à l'autorité civile. Citons dans cet ordre d'idées un édit des échevins de Gand, du 21 février 1756, rendu sur l'invitation de l'évêque et prohibant les festivités du Carnaval. Il vaut la peine qu'on s'y arrête un instant. L'évêque de Gand, Maximilien Vander Noot, avait ordonné le 15 janvier 1756 de réciter pendant six semaines des prières spéciales pour mettre un terme aux tremblements de terre qui, à titre de punition céleste, affligeaient la ville de Gand. Ces prières n'avaient pu apaiser la colère divine et les tremblements de terre continuaient de plus belle. Aussi avant l'expiration des six semaines les échevins unirent-ils officiellement leur voix à celle de leur premier pasteur pour faire savoir à la population gantoise qu'elle eût à s'abstenir de tous plaisirs tels que bals, concerts, spectacles et réjouissances du carnaval.

Voici comment débute cette ordonnance :

« *Alsoo de dreygementen van de vreeselyke straffe*
» *Godts door verscheyde aerd-bevingen onlangs binnen*
» *dese stad gevoelt noch syn continuerende, nieltegen-*
» *staende den ses wekelyken Bidt-tijdt door syne Hoog-*
» *weerdigheyt den Bisschop deser stad tot afweiringe*
» *der voorseyde straffe op den 15 January lestleden*
» *ingestelt, ende dat het teenemael nootsaekelyk is,*
» *om den Almogende te versoenen, dat de herten van*

» *de menschen door het gebedt tot hem opgetogen wor-*
» *den, namentlyk gedurende den voorseyden bidt-*
» *tydt...* »

Les tremblements de terre prirent-ils fin ? L'histoire ne
nous le dit pas. Il y a toutefois lieu d'en douter car deux
ans plus tard, en 1758, une ordonnance identique fut
rendue par les échevins de Termonde afin d'apaiser la
colère céleste, qui se manifestait également par des
tremblements de terre. Ajoutons pour tranquilliser le
lecteur que ces tremblements, suivant les *dagklappers*
des almanachs de ces années, n'occasionnèrent, dans
notre pays du moins, aucun dommage aux personnes ni aux
propriétés.

Les évêques avaient d'ailleurs l'habitude de s'adresser à
l'autorité communale pour lui faire connaître leur volonté.
Le joyeux évêque F. Lobkowitz, de galante et coûteuse
mémoire, crut à la date du 25 janvier 1790 devoir prendre
la plume pour publier une lettre pastorale, adressée aux
échevins et les priant de défendre les déguisements et les
fêtes du carnaval. Les échevins n'obéirent d'abord qu'à
moitié : une ordonnance du 6 février 1790 fit connaître
qu'on ne pouvait se masquer que pendant les trois jours
qui précèdent le mercredi des cendres. Il est probable que
l'évêque ne se contenta pas de cette demi-mesure, car quatre
jours après, c'est-à-dire le 10 février 1790, une nouvelle
ordonnance défendit absolument les réjouissances du
carnaval.

On ne croirait jamais que cette lettre pastorale, qui
appelle les foudres de l'église sur ceux qui fréquentent les
bals et les spectacles et célèbrent le carnaval, émane du

sémillant Lobkowitz dont nos lecteurs connaissent les mœurs sévères et ascétiques.

———

Pendant la période historique, connue sous le nom de révolution brabançonne, ainsi que durant les premières années de l'annexion de notre pays à la France, il fut défendu de se masquer et de se déguiser à l'occasion des journées du carnaval.

Cette prohibition dura jusqu'en 1802. La première ordonnance municipale, qui parut après le rétablissement du carnaval, porte que les gens masqués ne pourront porter des vêtements religieux, des uniformes militaires ou des déguisements rappelant les anciens costumes officiels. Cette disposition fut maintenue pendant plusieurs années dans les règlements de police sur le carnaval.

———

Le cours, qu'on nomme à Gand *den Toer,* c'est-à-dire l'itinéraire suivi par les masques et par les voitures, a-t-il toujours existé et a-t-il toujours été le même? Avant le XIXᵉ siècle nous n'avons rencontré aucun règlement communal à cet égard. Ce n'est que le 30 janvier 1807 que nous trouvons les rues et les places publiques, indiquées dans une ordonnance enjoignant aux cochers de suivre le même trajet et de se diriger du marché aux Grains vers la rue longue Monnaie, avec défense expresse d'aller en sens inverse. C'est cet itinéraire que l'on suit encore aujourd'hui. Voici le texte de ce règlement de police. « *Ten eynde* » *te voorkomen alle voorvallen die resulteren uit de ver-* » *werring der rijtuigen, als de zelve eene verschillige* » *directie hebben, word er bevolen aen alle koetziers de*

» *zelve, te dirigeren in der maniere dat zij komen van*
» *den Koorn-merkt in de Langemunte, Vrijdag-merkt,*
» *Koning-straete, Zandberg, Hoogpoorte, Boter-merkt,*
» *Majorlijnstraete, Kouter, Zonnestraete en zoo voorts*
» *langs de Veld-straete.* »

Cette ordonnance donne lieu de croire qu'antérieurement les voitures allaient dans les deux sens et se croisaient continuellement au lieu de suivre toutes, comme elles le font aujourd'hui, la même direction.

———

Pour donner une idée de ce qu'était le carnaval à Gand au commencement de ce siècle nous ne pouvons mieux faire que d'en reproduire la description, telle que nous la trouvons dans le n° du 27 février 1806 du journal *Le Commerce de Gand* :

« En Italie, le carnaval dure pendant six semaines : à
» Gand, nous en avons eu pour cinq jours, et c'est bien
» assez.

» On a cru observer que, cette année, les divertissements
» n'ont pas été animés, comme les années précédentes;
» est-ce lassitude, satiété, sagesse? Nous ne décidons
» rien.

» Peu de masques de caractère, de la boue dans les
» rues, quelques ânes qui trottaient et vous éclaboussaient,
» des enfants par milliers, des petites filles sans leur mère,
» une grande file de carosses, du monde aux fenêtres, de
» très jolies femmes qui regardaient, un tintamarre qui
» vous étourdissait, un bourdonnement éternel de *comment*
» *vous portez-vous* et voilà tout.

. . . .

» La rareté des dominos et des draps de lits s'est fait

» sentir cette année, tandis que le costume flamand, formé
» de cette espèce de shall de soie noire que les dames se
» mettent sur la tête a repris vigueur. Les paysannes ont
» été nombreuses et bien ajustées : ç'a été le travestisse-
» ment le plus complet de nos jolies dames. Peu de femmes
» en hommes, beaucoup d'hommes en femmes et presque
» toujours, quant à ceux-ci, du plus mauvais goût en fait
» d'accoutrement. Nous n'avons rencontré d'autres diables
» que ceux d'Œdipe et d'Orphée.

» Si l'on n'encourage pas un peu le carnaval, il man-
» quera sous peu d'années. »

Inutile de dire que sous l'empire la moindre allusion
politique était strictement défendue.

La prospérité, dont la ville de Gand jouissait sous le
gouvernement néerlandais, explique l'animation du carnaval pendant cette période. Elle explique également
l'absence complète d'allusions politiques. A quoi bon
d'ailleurs ? Les Gantois étaient satisfaits du régime hollandais ; ils n'avaient donc aucune envie ni aucun intérêt à
profiter des déguisements du carnaval pour critiquer les
actes du gouvernement.

Après 1830, tout change. Les esprits étaient tellement
montés à Gand, il régnait un mécontentement si grand
contre le nouvel ordre de choses, sorti des journées de
septembre, que par mesure de précaution l'autorité communale interdit les déguisements et les travestissements
pendant le carnaval de 1831 et de 1832.

Le carnaval reprit en 1833 et avec lui les charges et
les allusions politiques. Telle année on représente « la
liberté de 1830 » ; telle autre c'est « la prospérité crois-

sante de la Belgique », figurée par un groupe d'une cinquantaine de jeunes gens vêtus de haillons et la tête recouverte d'un éteignoir ; une autre fois c'est la Belgiqne « conduite par son maître le clergé » qui se montre dans‘ les rues.

Quant aux travestissements et aux déguisements ils subissent fort peu de modifications. Dans le genre grivois ce sont toujours les hommes, enveloppés dans un drap de lit ou habillés en femmes et ayant sur le dos la traditionnelle cage dans laquelle se balance un hareng en compagnie d'un trognon de chou et d'une carotte. Dans le genre sérieux on a les dominos, les chevaliers, les Turcs, les postillons, etc. Viennent ensuite les couples, formant ce qu'on nomme à Gand « *eene companie* » et déguisés en paysans et en paysannes ; à leur tête gambade l'inévitable arlequin muni de sa batte ou Pierrot armé de son bâton au bout duquel est attachée une vessie. Citons encore la foule de gamins, munis de trompes en fer blanc dans lesquelles ils soufflent de façon à étourdir les passants.

Nous devons dire aussi quelques mots des cortèges de charité qui sortent habituellement pendant les journées de Carnaval. Ces cortèges, qui obtiennent toujours un grand succès, sont le plus souvent organisés par l'une ou l'autre de nos nombreuses sociétés d'agrément. De 1840 à 1860 c'étaient les sociétés de *Nemrod, Cockerill* de joyeuse mémoire, la *Renaissance*, les fanfares amateurs, *Concordia, het Keyzersgenootschap*, les amis philanthropes, *de Klauwaerts*, etc., qui se chargeaient de former les groupes, composant la cavalcade. Des nuées de collecteurs, à pied et à cheval, font appel à la charité des passants et recueillent ordinairement plusieurs milliers de francs. Des chansons flamandes et françaises, dont nous possédons toute une collection, sont vendues par les quêteurs au profit de l'une ou l'autre œuvre philanthropique. Disons à ce propos que ce fut pendant le carnaval de 1853 que l'on entendit pour la première fois la fameuse chanson, restée populaire, de N. Destanberg intitulée : *de Jongens van Gent* et dont le refrain bien connu se chante encore aujourd'hui. La musique, originale et entraînante, est de notre concitoyen Ch. Miry, le compositeur du *Vlaamsche Leeuw*.

Rappelons ici un incident, qui se produisit pendant le carnaval de 1852, au lendemain du coup d'Etat du 2 décembre, et qui menaça, un moment, de prendre une sérieuse importance. Un magnifique cortège dans lequel figuraient un grand nombre de cavaliers, plusieurs chars, différents corps de musique, des voitures et des groupes de toutes sortes parcourait le cours, accompagné de jeunes gens collectant au profit d'une œuvre de charité. Quand tout-à-coup on vit apparaître, en dehors du cortège, une voiture remplie de masques ayant tous une muselière sur la figure et un cadenas à la bouche. Ils avaient au cou un collier auquel était attachée une chaîne que tenait en main le conducteur de la voiture. Celui-ci était grimé de manière à ressembler d'une façon frappante à Napoléon III.

Cette allusion au régime que subissait la France eut un succès énorme, mais qui ne dura pas longtemps ; la police, dès qu'elle s'aperçut de la chose, s'empressa d'ordonner aux « muselés » de cesser leur démonstration et de se retirer. Cette affaire fit tant de bruit que le gouvernement français s'adressa au gouvernement belge pour demander des explications sur ce qui venait de se passer à Gand. Voici comment l'*Indépendance*, en s'occupant de l'incident, termine son article, qui ressemble fort à un communiqué : « Des explications ayant, en quelque sorte, un caractère » plutôt officieux qu'officiel, ont été demandées au gouver- » ment belge. Il a dû y être répondu par l'exposé exact » des faits et des regrets qu'ils ont inspirés, et nous » croyons savoir que, depuis lors, il n'a plus été question » de cette affaire entre les deux gouvernements. »

Mais ce fut pendant l'année 1857, l'année de la discussion de la loi des couvents, que le carnaval prit à Gand une animation extraordinaire. Le clergé régnait en maître. Les représentants de l'arrondissement de Gand appartenaient à l'opinion catholique. La ville avait à sa tête un bourgmestre clérico-indépendant. L'université était attaquée avec une violence inouie par l'évêque dans ses mandements et par la presse catholique. Tout contribuait en un mot à exaspérer la population, qui de tout temps a supporté avec répugnance la domination du clergé.

Aussi dès le premier jour du Carnaval de 1857 vit-on apparaître dans les rues de la ville des chars, des groupes et des personnages isolés, représentant l'une ou l'autre actualité politique : mandements épiscopaux, attaques contre l'université, fanatisme des députés gantois, versatilité du bourgmestre, loi sur les bourses d'études, loi sur la charité dite loi des couvents, etc. Des caricatures de toutes espèces étaient distribuées par milliers. Des chansons flamandes étaient répandues dans le public. Parmi celles-ci, nous devons citer comme les plus originales et les plus énergiques : *de Karnaval te Gent in den jare onzes heeren 1857*; le fameux *Koevoet*; *'t zal wel gaan*; *het einde der wereld*; *'t plezier en 't verdriet van de Bulle*; *een gelukkig landeken*. Toutes ces chansons exprimaient en termes indignés et pour quelques-unes avec une verve toute rabelaisienne, le sentiment de répulsion qu'inspirait à la population gantoise le joug du clergé catholique.

La police, obéissant à des ordres supérieurs, avait fort à faire pour s'opposer aux charges satiriques qui parcouraient les rues. Ici c'étaient quelques jeunes gens, représentant des inquisiteurs; là c'était un cavalier, déguisé en ours et portant sur son dos une inscription à l'adresse de l'évêque; un peu plus loin c'était un polichinelle dans lequel on croyait reconnaître le premier magistrat de la commune, et ainsi de suite. Nous n'en finirions pas si nous voulions énumérer toutes les mascarades politiques, auxquelles l'autorité voulait faire rebrousser chemin.

Le plus grand succès était pour un groupe de sept masques dont trois avaient une girouette sur la tête et dont les quatre autres étaient coiffés d'un éteignoir. Ils portaient chacun un écriteau, énumérant les titres qui les recommandaient à la bienveillance des électeurs. Une bagarre se produisit devant la *Concorde* où un commissaire de police voulut arrêter les sept masques et les empêcher de circuler parce que le public les prenait pour les sept représentants de Gand. La tentative ne réussit pas et le groupe continua son chemin, escorté et protégé par une foule considérable à la tête de laquelle marchaient les membres de la *Concorde*, qui se trouvaient à la porte ou sous le peristyle de la société au moment de la bagarre.

Tous ces faits se trouvent racontés, au long et au large,

dans les journaux de cette époque, auxquels nous devons forcément renvoyer le lecteur.

Le Carnaval ne mit pas fin à ces manifestations. Quelques semaines plus tard, un dimanche à midi alors que la place d'Armes était remplie de promeneurs, on y vit apparaître sept ânes attachés les uns à la suite des autres. Dans ces sept ânes et dans le guide, qui les mena pendant une heure autour de la place, le public crut reconnaître l'évêque conduisant les sept députés de l'arrondissement de Gand.

Au mois d'octobre suivant les électeurs mirent fin à la comédie clérico-indépendante, qui s'était jouée pendant trois ans à l'hôtel de ville de Gand. La dissolution des Chambres, provoquée par la discussion de la loi des couvents, acheva la déroute des cléricaux. Le 10 décembre 1857, les sept représentants catholiques furent rendus à la vie privée et remplacés par MM. C. De Bast, E. Jaequemyns, F. Manilius, A. Neyt, Ch. Saeyman, E. Vandenpeereboom et J. Vanderstichelen..

Une vingtaine d'années plus tard, c'est-à-dire au Carnaval de 1878, des faits à peu près identiques à ceux de 1857 se produisirent à Gand. L'opinion catholique était revenue au pouvoir et la députation libérale de Gand avait été renversée en 1870.

Le Carnaval de 1878 fournit l'occasion à l'esprit railleur des Gantois d'exhiber plusieurs charges satiriques contre les choses et les hommes du jour. Ces évènements sont encore trop récents pour que nous devions les raconter longuement. On avait organisé au profit de la société l'*Avenir* une cavalcade qui, soit dit en passant, rapporta en deux jours au-delà de huit mille francs. Chacun se rappelle encore les groupes et les chars représentant : l'instruction publique autrefois et aujourd'hui, *het verleden en het tegenwoordig ; het kiesvee naar de stembus ;* la liberté de la presse; le pélerinage et les miracles de Lourdes-Slootendries, etc., etc. Mais ce qu'on se rappelle surtout c'est le char sur lequel se trouvait un personnage, revêtu d'un costume épiscopal et ressemblant, à s'y tromper, au chef du diocèse gantois.

L'exhibition de ce char donna lieu à des protestations violentes de la part de la presse catholique. Des interpellations furent adressées au ministre de la justice par un des députés de Gand; une instruction judiciaire, qui n'aboutit pas, fut même ouverte. On avait osé porter atteinte à la dignité épiscopale, disaient les feuilles catholiques. Les journaux libéraux répondaient que ce n'étaient là que de justes représailles, provoquées par le mandement dans lequel l'évêque venait d'outrager d'une façon odieuse le personnel enseignant et les élèves de nos écoles communales. Ces écoles, disait ce mandement inoui, sont des pépinières de malfaiteurs !

Au mois de juin suivant eurent lieu les élections législatives dans lesquelles l'opinion libérale, à 571 voix de majorité, remporta un triomphe dont le souvenir ne s'effacera pas de longtemps de la mémoire des Gantois.

Flandre libérale, 20 Décembre 1886.

V

RÉJOUISSANCES PUBLIQUES A GAND AUX SIÈCLES DERNIERS.

—

Illuminations et feux d'artifice.

Nous avons maintes fois eu l'occasion de constater
l'empressement avec lequel nos aïeux saisissaient la
moindre occasion d'organiser des cortèges, des processions
ou des entrées triomphales. Depuis la naissance d'un
septième fils jusqu'à l'inauguration solennelle du prince
comme comte de Flandre, tout était pour les Gantois
d'autrefois prétexte à parader dans les rues et sur les
places publiques de la ville. Hâtons-nous toutefois d'ajouter
que plusieurs de ces cortèges étaient organisés avec un
éclat,. une richesse et un choix de costumes et d'ornements
dont on ne se fait plus d'idée aujourd'hui. Bornons-nous à
citer la fête de la confrérie des arbalétriers de Saint-Georges de 1440, l'entrée de l'empereur Maximilien en 1508 et
celle de François d'Alençon en 1581, l'inauguration de
Charles II en 1662, la fameuse procession de St-Macaire
en 1767 et l'entrée du *primus* Hellebaut en 1793.

Un autre genre de divertissement public, dont nos pères ne se lassaient jamais, c'étaient les illuminations et les feux d'artifice. Pas de fête autrefois à Gand, qui ne fût accompagnée d'une illumination générale des édifices publics et des maisons particulières ainsi que d'un feu d'artifice, tiré le plus souvent du sommet de notre antique Beffroi.

Chaque fois que dans les *Resolutieboeken,* les *Stadsrekéningen,* les ordonnances et dans toutes les autres pièces, émanant des autorités, il est question d'une fête ou d'une cérémonie officielle quelconque, on voit que celles-ci se clôturent invariablement par une « *vieringhe ende ver-* » *lichtinghe van het stadthuys, de draecke, etc.* » On y trouve également une invitation adressée « *aen alle bor-* » *ghers ende insetenen dezer stadt van hunne huysen te* » *verlichten, 't zij met fackels, flambeeuwen, tortsen,* » *keirssen, lampen, lanteirnen ende soo voorts naer* » *elckx discretie ende gestaethede.* » C'est une énumération détaillée des procédés auxquels les bons bourgeois de la cité gantoise avaient recours pour illuminer les façades de leurs demeures. Ils se servaient de falots, de torches, de flambeaux, de chandelles, de lampes ou de lanternes, etc., « chacun à sa convenance et selon ses moyens », comme le portaient les ordonnances des échevins.

Les *peck-tonnen* et les *vet-pannen,* dont il est question dans les documents officiels et dans les relations historiques, étaient des tonneaux de poix et de grands pots de graisse, fixés sur des poteaux ou sur des tréteaux et qu'on brûlait pour illuminer les rues et les places publiques.

L'illumination la plus originale fut celle qui eut lieu le 9 mars 1500, pendant les fêtes célébrées à l'occasion de la naissance à Gand du fils de l'archiduc Philippe-le-Beau et de Jeanne d'Arragon. Ce fils fut plus tard l'empereur Charles-Quint.

Une galerie, faite au moyen de cordes et de planches, fut jetée entre le sommet du Beffroi et le sommet de la tour de Saint-Nicolas. Elle était construite de telle façon qu'on pouvait y circuler et se promener d'une tour à l'autre. Comment on parvint à réaliser une idée aussi originale et d'une exécution si difficile, c'est ce que nous ignorons. Quoi qu'il en soit, le travail fut effectué sous les ordres du maître-ardoisier de la ville de Gand. La galerie et les deux tours furent brillamment illuminées au moyen de torches et de lanternes.

Voici en quels termes un ancien chroniqueur, dont le récit est reproduit dans le *Belgisch Museum* de Willems, parle de cet évènement qui excita, à juste titre, l'admiration et la surprise générales : « *Ende noch esser een alleye ghemaect van coorden soo hooge in de lucht, van 't upperste van het Belfrood tot aen Sinte Nicolaesture,.... ende in dese galderye ginghen lieden inne ; ende dat was het vreemste dat men oyt sagh ;....; ende dese man, die ditte aldus fantaseerde, dat was den schalliedecker van der stede van Ghendt, ende hiet Marten, ende men vierde langs henen dese alleye met toortsen ende lanternen.* »

Le chroniqueur français de Molinet, en s'occupant des festivités dont la ville de Gand fut le théâtre à l'occasion du baptême de Charles-Quint, parle surtout d'un navire voguant sur la Lys et de la fameuse galerie, tous deux brillamment illuminés. Nous ne pouvons mieux faire que de donner le texte de sa relation :

« Jamais ne feut veu en Gand, si sumptueuse lumi-

» naire pour quelque prince qui nasquit ou entra en la
» ville... »

« Sur la rivière du Lis fut ung navire ou se tindrent les
» clarons de Gand et estoit pourveu de six à sept cens
» flambeaux ardans... »

« Et pour chose nouvelle fort merveilleuse et de grant
» contense, fut faicte une galerie de cordes, partant du
» beffroy de Gand, et allant à droicte ligne jusques à la
» fleche du clocher de St-Nicolas, et estoit la dicte galerie
» eslumée de flambeaux et de lantèrnes tellement que la
» ville de Gand sembloit estre en feu et en flambe. Le
» dragon dudict beffroy jectoit fusées de feu grégeois par
» la gueule et par la queue.... »

Sur un tableau de notre musée archéologique, représentant un épisode du baptême de Charles-Quint, on aperçoit
dans le lointain les tours de Saint-Nicolas et du Beffroi,
reliées entre elles par la galerie ou allée dont parlent les
chroniqueurs que nous venons de citer.

Ce n'était pas seulement sur le Beffroi que se faisaient
les illuminations et qu'on tirait les feux d'artifice ; la même
chose avait lieu, comme nous allons le voir, sur d'autres
tours de la ville.

Dans un poème flamand, publié à l'occasion de l'arrivée
à Gand, le 23 juillet 1549, de l'infant d'Espagne Philippe,
le futur Philippe II, il est fait mention, d'un grand feu
allumé sur la tour de l'église Saint-Nicolas et placé à
vingt pieds au-dessus de la girouette. Cette illumination
était si brillante qu'on la distinguait à une distance de
quatorze milles. Voici comment s'exprime le poète :

> *Dus werd daer een bernende licht bereed.*
> *Boven den weerhaan van Sente Niclaus ghemeten*
> *Twintich voeten hooghe waer af 't vulle bescheed*
> *Over veertien milen 's nachts es gheweten.* »

Nous avons trouvé aux archives communales une ordonnance très curieuse du 11 janvier 1571, concernant les illuminations. Elle est intitulée. « *Ordonnantie van* » *scepenen omme ter verblijdinghe van onsen nieuwen* » *gheboornen prince te vieren zondaghe XIIIᵉ January* » *1571.* »

Il y est dit que la tour de St-Jean (St-Bavon) sera illuminée au moyen de 6 torches, celles de St-Jacques et de St-Nicolas au moyen de 4 torches chacune, et le Beffroi au moyen de 18 torches. De grands feux de bois, *vieren van haute*, seront allumés sur le marché aux Grains, la place Ste-Pharaïlde, le marché du Vendredi et devant l'hôtel de ville, *de plaetse an 't scepenhuus.* « *Ende bovendien,* » ajoute l'ordonnance, « *dat men de* » *selve plaetsen sal voorsien en de selve vieren verchieren* » *met bernende pectonnen in elcke plaetse totten nomber* » *van een dozyne ofte meer naer dexigentie van de* » *plaetsen.*

> *Noch dat men sal rechten een pectonne op de vier-* » *weechschede te wetene.....* »

Suit l'énumération des places publiques et des carrefours, qui seront illuminés au moyen de tonneaux de poix, *pectonnen.*

Connaissant parfaitement les sentiments dont les Gantois étaient animés à l'égard de Philippe II et de son gouvernement, l'autorité se garda bien d'inviter les bourgeois à illuminer leurs maisons en l'honneur du jeune fils du roi d'Espagne. C'eût été courir à un échec certain, que les pamphlétaires de l'époque n'auraient pas manqué de célébrer dans l'une ou l'autre pièce de circonstance, répandue en ville.

Une grande aquarelle, faisant partie de la superbe collection de gravures, de dessins, de lithographies, etc., conservée à la bibliothèque de l'université sous le nom d'Atlas de Gand, nous donne une idée complète de ce qu'était autrefois l'illumination d'un édifice public. Cette aquarelle, œuvre du peintre gantois Liévin Vander Schelden, représente l'illumination du Beffroi qui eut lieu le 27 août 1585 lors de l'entrée à Gand du prince de Parme, Alexandre Farnèse. On y voit, entre autres, une pyramide de *vetpannen* de 20 pieds de haut, placée sur le dragon et surmontée de la couronne impériale.

Ce Liévin Vander Schelden, qui excellait surtout dans le genre miniature, figure plusieurs fois dans les *stadsrekeningen* du XVIe siècle du chef de travaux de peinture artistique, exécutés pour compte de la ville. Le registre de 1579-1580 mentionne une somme de 25 livres de gros, payée pour un armorial, *Wapenbouck,* renfermant les armoiries des échevins, des pensionnaires, des secrétaires, des personnes de distinction *(edele ende notabele)* et des doyens des métiers de la ville de Gand.

Dans le courant du XVIe siècle il y eut à Gand plusieurs artistes de valeur du nom de Vander Schelden. Liévin Vander Schelden eut un fils, Corneille, qui fut également peintre. Nous trouvons un Henri Vander Schelden et un Jean Vander Schelden tous deux peintres. Nous connaissons également deux sculpteurs de ce nom, Paul et Luc ; ce dernier était fils du peintre Jean Vander Schelden.

Ces illuminations se répétaient parfois plusieurs jours de suite. Il arrivait également que les magistrats communaux ou le gouvernement décernait des prix aux corporations et Gildes, aux habitants et aux voisinages qui se distinguaient par l'ornementation et l'illumination de leurs quartiers ou de leurs habitations.

C'est ce qui eut lieu notamment au mois de janvier 1600, lors de l'entrée solennelle à Gand d'Albert et d'Isabelle. On illumina pendant trois jours consécutifs, et chaque fois cinq prix étaient décernés à ceux qui y prenaient la part la plus brillante. Ces quinze prix, qui variaient de 12 à 2 livres, s'élevaient au chiffre total de 92 livres de gros, soit environ mille francs de notre monnaie; ce qui est énorme pour l'époque. Tous les détails, relatifs à cette espèce de concours, se trouvent relatés dans une pièce transcrite au registre H. H. f° 57 de nos archives communales et intitulée :

« *Nopende de vieringhe ter blijder incompste van*
» *haerlieder H. H. ende de prysen schoonst uitcommende*
» *int vieren daerup ghevolcht voor dreye daeghen telcken*
» *'s avonds ten VIII hueren deen dander volghende.* »

Un usage très curieux se trouve consacré par le règlement du 19 avril 1616 de la *Gilde* des escrimeurs de Saint-Michel. L'article 25 porte que la confrérie fera allumer douze tonneaux de poix, placés sur des mâts ou poteaux, devant la maison du roi de la *Gilde* et vingt-quatre devant celle de l'empereur. Le confrère était promu au titre d'empereur quand pendant trois années consécutives il était parvenu, par son adresse à l'épée dans les concours annuels, à se faire proclamer roi.

Voici comment est conçu cet article :

» *Item den ghonen die Coninck bedeghen is, sal men*
» *des avonts vereeren met twaelf brandende Pecktonnen*
» *voor sijne deure op Masten ofte Staecken ten coste van*
» *den Gulde, ende eenen Keyser met xxiiij ghelijcke*
» *Pecktonnen ten coste als vooren.* »

Lors de l'entrée à Gand de l'infant Ferdinand d'Autriche le 28 janvier 1635, indépendamment des illuminations au moyen de *pecktonnen,* des feux d'artifice furent tirés dans différents quartiers de la ville. L'ouvrage de Becanus, qui donne la description de cette entrée triomphale, renferme plusieurs planches très intéressantes à consulter. L'une représente la place d'Armes, où des feux d'artifice se tirent à différents endroits. Sur une autre planche on voit l'illumination de la grande boucherie ; la façade du côté du pont est surmontée d'un bœuf, lançant du feu par la bouche et par les naseaux. Plusieurs pyramides de *pecktonnen* sont placées sur la place qui se trouve devant la boucherie ; cette place, où se tient aujourd'hui le marché aux légumes, était à cette époque le marché aux Poissons. Une troisième planche nous montre un feu d'artifice, tiré des hauteurs de la tour de St-Bavon et dont les gerbes de feu s'élèvent à une hauteur considérable.

Toutes ces fêtes pyrotechniques étaient chaque fois accompagnées d'une illumination complète du Beffroi. Nous ne pouvons mieux décrire pareille fête qu'en donnant quelques passages de l'une ou l'autre narration, écrite par un auteur du temps. Prenons par exemple l'entrée à Gand de don Isidro de la Cueba, dont la relation est publiée par l'imprimeur Max Graet, demeurant près du pont aux Pommes (aujourd'hui imprimerie Vander Meersch).

Ce gouverneur-général des Pays-Bas arriva à Gand, le 19 mars 1702, pour prêter serment au nom du roi d'Espagne Philippe V en qualité de comte de Flandre. Le soir il y eut une illumination générale de la ville. « *Men sagh,* » lisons-nous dans la relation, « *rontom het* » *stadthuys vier staecken omringht met vier-pannen, dat* » *eene aenghenaeme vrindelijckheyt gaf aen het ghesichte.* » *Opde paradeplaetse* (marché au Beurre actuel) *stonden* » *twee, waer van den eenen zynde eenen staeck Royael* » *hadde op synen ondersten boordt zijnde achtkantigh* » *vier opgaende Pyramiden (zijnde een nieuw praelende* » *ondervindinghe van vieren) ieder draeghende een hoopé* » *vier-schotelen, gevende een wonderlijcke illuminatie,* » *ende ontrent den top het cijffer van sijne Majesteit...* »

« *Op onsen stadts-Thoren vierde den Draecke met* » *sijne Peck-pannen, ende rondom den selven Thoren* » *hongh in menighte lanternen brandende Licht, onder* » *het melodieus luyden van onse Triumph-klocken en het* » *spelen van onsen harmonieusen Beyaert.* »

Suit la description de l'illumination de quelques autres quartiers de la ville.

L'imprimeur Augustin Graet, successeur de Maximilien, publia une relation de l'inauguration à Gand de Charles VI, représenté par le gouverneur des Pays-Bas, marquis de Prié, comme comte de Flandre. Cet ouvrage, de même que tous ceux du même genre, parle encore une fois au long et au large des illuminations et des feux d'artifice qui eurent lieu à cette occasion le 18 octobre 1717. Le récit est accompagné d'une planche représentant la tour du

6

Beffroi, entourée de pièces d'artifice enflammées; on y voit également le dragon lançant du feu par la bouche.

Malgré le danger qu'offraient de pareils divertissements, nous n'avons trouvé trace nulle part d'un incendie qui aurait éclaté sur le Beffroi ou sur l'une ou l'autre tour d'église ou d'abbaye. Si pareil accident se fût produit, nos chroniqueurs, si prolixes d'ordinaire, n'auraient pas manqué de le signaler.

Nous avons cru devoir entrer dans tous ces détails dont quelques-uns, à première vue, peuvent paraître oiseux. Nous l'avons fait parce que rien de ce qui a trait aux habitudes, aux mœurs et à la vie intime de nos ancêtres ne nous semble pouvoir être négligé. C'est à ce titre qu'il nous a paru intéressant de publier les notes que nous avons recueillies sur les illuminations et les feux d'artifice, divertissements qui, comme on vient de le voir, ont fait pendant plusieurs siècles partie intégrante du programme des fêtes publiques qui se célébraient à Gand.

Ce genre de réjouissances populaires disparut insensiblement ou, tout au moins, ne se répéta plus aussi souvent à dater de l'introduction du régime français dans notre pays à la fin du siècle dernier. On conserva cependant l'habitude d'illuminer les maisons particulières, lors de la célébration de certaines fêtes officielles, avec cette différence toutefois qu'on en fit une obligation à laquelle personne ne pouvait se soustraire.

Rien de curieux à lire comme les proclamations des autorités françaises, ordonnant aux citoyens de se livrer à jour fixe « à la joie et à l'allégresse. » Toutes ces proclamations — et le nombre en est considérable — sont rédigées dans ce style pompeux et boursouflé qui était de mode à cette époque.

Voici un spécimen — nous n'avons que l'embarras du choix — d'une de ces invitations adressées à la population gantoise. Il s'agit de célébrer par une illumination générale la signature des préliminaires de la paix avec l'Angleterre. La pièce est du 14 vendémiaire an X (6 octobre 1801).

« Considérant qu'une nouvelle aussi heureuse doit être
» annoncée et accueillie par toutes les démonstrations
» de joie et de satisfaction qu'elle répandra parmi les
» bons Citoyens, qui ont à cœur la gloire et la prospérité de
» leur Pays.

» Ordonne ce qui suit :

» I. — La signature des Préliminaires de Paix sera
» annoncée au son de Cloches et de Carillons.

» II. — En conséquence il est expressément ordonné à
» tous les citoyens d'illuminer, Decadi 20 de ce mois,
» l'extérieur de leurs Maisons, à commencer de 8 heures
» jusqu'à onze heures du soir.

» III. — Les contrevenants aux dispositions de l'article
» précédent sont punis des peines de simple police. »

C'était, comme on voit, de la joie par ordre. Ceux, qui se permettaient de ne pas obéir à cet ukase, payaient leur audace de l'amende ou de la prison. L'obligation, imposée aux Gantois d'illuminer, à la moindre occasion, les façades de leurs habitations exista pendant toute la durée du régime français. Elle disparut à l'avènement du gouvernement néerlandais.

Aujourd'hui l'usage d'illuminer le Beffroi et les édifices publics a complètement disparu. Il n'y a plus guère que des illuminations de voisinage en l'honneur de l'un ou l'autre habitant du quartier. C'est surtout à l'époque de la distribution des prix aux élèves de nos établissements d'instruction communaux, que les voisins tiennent à pavoiser les rues et à éclairer les façades de leurs maisons au moyen de ballons vénitiens, de lampions ou même d'une modeste chandelle, plantée dans un verre rempli de sable.

Quant aux feux d'artifice tirés sur le sommet du Beffroi, nous nous rappelons d'avoir assisté à celui que l'édilité offrit à la population gantoise pendant les fêtes communales de 1855. C'est le dernier dont notre antique donjon communal ait été le théâtre.

Flandre libérale, 6 Septembre 1886.

VI.

LE « KOUTER » OU PLACE D'ARMES.

On nomme *Kouter* une grande étendue de terrain, non bâtie ni plantée, située au milieu des habitations et des parties plantées d'arbres d'une ville ou d'un village. Cette définition nous indique ce qu'était à l'origine la place désignée à Gand sous ce nom. On l'appelait aussi *Peerden-kouter* à cause du marché aux chevaux qui s'y tenait autrefois. Cette dénomination est encore restée en usage parmi les vieillards et parmi les paysans des environs de Gand.

L'arrêté préfectoral qui ordonna, pour la première fois, de traduire du flamand en français les noms des rues, ponts et places publiques de la ville de Gand, donna au *Kouter* le nom de place d'Armes.

Le *Kouter* s'étendait à l'origine jusqu'au fossé fortifié, creusé à une époque inconnue et antérieure au XIIIᵉ siècle, pour servir de défense à la ville échevinale et pour mettre l'Escaut, dès son entrée à Gand, en communication directe avec la Lys. La partie de la place longeant le fossé se nommait *Cauterveste*. Au-delà du fossé et du rempart extérieur (*Ketelveste* ou rempart des Chaudronniers) commençait le quartier, soumis à la juridiction de l'abbé de Saint-Pierre et nommé *Ste-Pietersdorp* avec les dépendances très étendues de Saint-Pierre-Alost et de Saint-Pierre-Ayghem.

Tout ce côté du *Kouter* ne reçut de constructions qu'au commencement du XVI° siècle. Les premières maisons furent bâties un peu au-delà de l'Hôtel Royal actuel et près de la Banque de Gand. En 1548 la confrérie de Saint-Sébastien, dont nous parlerons plus loin, vint s'établir aussi le long du *Cauterveste*.

Un pont, reliant le quartier de Saint-Pierre à la place d'Armes, doit avoir existé autrefois sur le rempart des Chaudronniers, car dans les *Stadsrekeningen* de 1346 nous trouvons la mention suivante : « *Somme van den* » *werke dat begonnen es omme eene brugghe te maken* » *over de veste an de Coutere, 200 lb. 17 s. 9 d.* » Nous ne connaissons pas l'endroit où ce pont fut construit; nous ignorons également à quelle époque il disparut.

Jadis la rue courte du Marais n'aboutissait pas, comme de nos jours, à la place d'Armes; celle-ci se prolongeait sans interruption jusqu'à la rue du Soleil. Le *Kouter* communiquait avec la rue longue du Marais par une ruelle, située au milieu de la place à côté du club des nobles. Cette ruelle fut supprimée en 1652. La même année la ville acquit les maisons qui occupaient l'espace de la rue du Soleil, situé aujourd'hui entre la *Concorde* et la maison habitée par M. Peers. Elle les fit abattre en 1652 pour percer la partie de la rue courte du Marais, dans laquelle se trouvent à droite la *Concorde*, la maison Waelput et le *Grand café*. L'acte d'acquisition de ces maisons porte : « *om 't maeken van de straete van de langemeere tot op* » *de Cautere.* »

On ne pouvait donc autrefois arriver au *Kouter* que par

la rue du Soleil, le marché aux Oiseaux, l'avenue de la place d'Armes et la ruelle supprimée en 1652.

Comme le marché du Vendredi et le marché aux Grains, le *Kouter* est une des plus anciennes places publiques de la ville de Gand. Bien des événements importants s'y sont passés, bien des souvenirs curieux s'y rattachent. Aussi avons-nous cru utile de lui consacrer une notice assez étendue. Successivement nous retracerons l'histoire du *Kouter* à plusieurs points de vue. Nous nous occuperons d'abord des arbres qui y ont été plantés à diverses époques et qui récemment encore ont soulevé bien des polémiques et ont excité l'attention de notre bonne ville tout entière.

I.

Les plantations d'arbres.

A l'origine aucun arbre ne se trouvait sur le *Kouter*. Ce ne fut qu'au XVIe siècle qu'on en planta quelques-uns isolément et sans suivre aucun ordre d'alignement. C'est du moins ce qui nous semble résulter des vues, représentant le *Kouter* et faisant partie de la collection, connue sous le nom d'Atlas de la ville de Gand.

Dans les planches qui accompagnent la description de l'entrée à Gand en 1635 du prince Ferdinand, gouverneur des Pays-Bas, par Becanus et dans les gravures de la *Verheerlijkt Vlaenderen,* de Sanderus, nous trouvons quelques arbres du côté nord de la place.

Ce n'est qu'en 1661, croyons-nous, que pour la première fois on planta sur le *Kouter* des arbres d'une façon régulière et en suivant un alignement déterminé. Nous en

avons la preuve dans les rapports, adressés le 13 novembre
et le 16 décembre 1661 aux échevins par le *politiemeester*
Justo Billiet sur la façon dont s'est faite la plantation des
nouveaux tilleuls. Il est dit dans le premier rapport qu'on
avait d'abord l'intention d'y mettre des ormes : « *Mijnheeren*
» *Schepenen halfgesindt waeren den Peerdecautere te*
» *doen beplanten op den oost ende noortzijde met twee*
» *reken van de beste olmen boomen.* » Dans le second
rapport, qui renferme les observations sur la manière dont
le travail a été accompli, nous lisons qu'au lieu d'ormes on
a employé des tilleuls et que de plus les plantations ont été
faites sur les quatre côtés de la place. Billiet dit que
l'ouvrage a été mal exécuté ; il indique de quelle manière
on pourrait améliorer ce qui a été fait. Nous croyons intéressant de transcrire ce rapport qui nous donne une idée
du style administratif de cette époque :

« *Dynsdag den 16 december 1661, so waeren wij op*
» *den Peerdencautere om te besichtighen de dreven van*
» *de nieuwe gheplante lijnden nu cortelynghe gheschiet*
» *maer hebben bevonden merckelijke fauten in de plan-*
» *tagie van dien, sonderlynghe in de dreve staende op de*
» *Noortsyde langs de straete, want daer is te veel plaetse*
» *ghelaeten vague tusschen de voorseide dreve ende de*
» *selve straete, waermede het midden van den cauter seer*
» *vermindert wordt ende de straete vermeerdert dat veel*
» *sal costen om te calsyden, doch het kan gheremedieert*
» *worden met het verplanten van eenighe quantiteyt*
» *der voorseyde lijnden. Voorts de dreve op zuytsyde*
» *langs het hof van St-Sebastiaen die gael beter ende can*
» *passeren ; maer op de dreven die liggen oost ende west*
» *daer valt oock wat op te seggen en can oock worden*
» *gheremedieert als wanneer mijn Ed. Heeren Schepenen*
» *sulcx believen te resolveren.* »

Ces travaux doivent avoir occasionné des dépenses assez considérables pour la ville, car Justo Billiet à la date du 1 août 1665 écrit : « *het verhooghen ende effen legghen* » *van den Cauter daer soo veel waegens greys in is* » *gegaen, de plantagen van alle de boomen daerop ghe-* » *plant ende de groote steenen daer rontomme ghestelt* » *tot het weirren van de carossen ende waghens hebben* » *de stadt van Ghendt in groote schulden gebracht.* »

Ces plantations réussirent-elles? Nous l'ignorons. Cent ans plus tard, sur des aquarelles de 1752 et de 1763 nous trouvons une avenue complète de deux rangées du côté Nord; tandis que du côté de Saint-Sébastien ne figurent que quatre ou cinq arbres en face du corps de garde et pareil nombre devant le café des Arcades actuel. A l'ouest du *Kouter* il n'y a plus rien.

Sur un dessin de 1803 figure une double rangée d'arbres du côté de la *Concorde* et du *Club* et une simple rangée de l'autre côté de la place.

En 1823 enfin eut lieu la plantation des tilleuls qui viennent de disparaître il y a deux ans. Au conseil communal de cette époque on avait proposé l'emploi de marronniers sauvages; mais cette proposition fut rejetée pour les mêmes motifs que ceux que nos édiles actuels ont fait valoir, quand ils leur ont préféré les ormes qui y figurent aujourd'hui.

Dans la séance du 8 novembre 1823 le collège présenta un rapport sur cet objet dans lequel il conclut comme suit :

« *De commissie, aengezien het schynt vastgesteld te* » *zyn dat de wilde kastanieboomen, onder vele betrek-* » *kingen den voorkeur niet verdienen;.... integendeel* » *heeft zy erkent dat de wilde kastanien, namentlyk*

» *door het vallen van de getande schulpen van deszelfs*
» *vruchten zeer onaengenaem en zelfs gevaerlyk zyn op*
» *eene publieke wandeling, daar zy veel meer dan andere*
» *boomen het werpen van steenen zullen te weeg brengen,*
» *en alzoo den doortogt en wandeling op den Kouter min*
» *veylig maken.* »

Les tilleuls de 1823 parcoururent une carrière de près
de soixante années, pendant laquelle ils fournirent plus ou
moins d'ombre, durant environ trois mois de l'été, aux
promeneurs de la place d'Armes. Ils furent malheureusement plantés dans de très mauvaises conditions : le terrain
n'avait pas été suffisamment préparé et les soins d'entretien
et d'arrosage leur firent presque constamment défaut. Un
essai d'irrigation, opéré en 1875, resta sans effet et
en 1882 l'autorité communale décida de les abattre et de
les remplacer par des ormes.

Disons en passant qu'autrefois la place d'Armes était
entourée de bornes en pierre de taille, reliées entre elles
par des chaînes de fer. Ces bornes furent enlevées il y a
une vingtaine d'années. Les poteaux ou colonnes sur
lesquels se trouvaient placées les lanternes, étaient également en pierre de taille ; ils furent remplacés par les
candélabres qui s'y trouvent actuellement. Enfin en 1809
on plaça sur le *Kouter* des bancs, toujours en pierre de
taillle ; mais comme les promeneurs s'étaient probablement
plaints de la fraîcheur que présentaient ces sièges, on les
avait recouverts d'une planche en bois. Ces bancs disparurent en même temps que les bornes dont nous avons
parlé tantôt.

Ceci dit, revenons à nos ormes. Le 15 janvier 1883 on
se mit à l'œuvre ; on commença par ôter les tilleuls pour
les remplacer par les 99 ormes qui furent plantés au moyen

d'un chariot spécial, mis à la disposttion de l'autorité communale par la ville d'Anvers. On se rappelle encore toutes les discussions auxquelles les nouvelles plantations donnèrent lieu. Les ormes viendront-ils ou ne viendront-ils pas ? Question que tous les promeneurs habituels de la place d'Armes s'efforçaient de résoudre et pour la solution de laquelle ils déployaient, au point de vue de l'arboriculture et de la sylviculture, des connaissances qu'on ne les aurait jamais soupçonnés de posséder.

Les pessimistes soutenaient, avec preuves à l'appui, que les nouveaux arbres ne verraient pas le printemps suivant. Les optimistes, au contraire, assuraient d'une façon tout aussi positive que le travail avait été exécuté d'une manière parfaite et que l'existence des ormes était assurée. Ces derniers ont eu raison. Les ormes, sauf deux qu'on a remplacés au mois de décembre dernier, se sont on ne peut mieux conduits et leur feuillage réjouit les yeux des promeneurs pendant une bonne moitié de l'année.

Ajoutons pour finir que ce travail qui comprenait l'enlèvement des tilleuls; le défoncement et la préparation du sol; le déplacement des ormes, pris en pleine croissance sur différents boulevards de la ville; leur transport au moyen de ce chariot spécial et leur plantation; les grillages et les armatures entourant les arbres, n'a coûté que la somme de 9,200 fr. Ce travail n'a pas endetté terriblement la ville, comme ç'avait été le cas en 1661, au dire du brave *politiemeester* du temps.

II.

La chef-confrérie de Saint-Sébastien.

La chef-confrérie, *Hoofd-Gilde*, des tireurs à l'arc à la

main de Saint-Sébastien existait déjà au commencement du XIV° siècle. Louis de Nevers lui octroya ses lettres de constitution, confirmées plus tard par son successeur Louis de Maele.

Le 10 août 1423 les échevins de la *keure* rendirent exécutoires les articles du règlement de la *Gilde*, relatifs aux donations à cause de mort, *dootscult*, faites à la confrérie par les membres le jour de leur réception, et aux poursuites à exercer contre les confrères, restés en défaut de payer leur cotisation. Par le même acte les échevins accordèrent un subside à la *Gilde* pour payer le local qu'elle venait d'acheter près du fossé fortifié, le *Schepenen vivere*, situé à proximité de la place van Artevelde : « *Item te* » *hulpe van den coep van den hove dat sy ghedaen* » *hebben, gheleghen buten coe-poorte an de groene hoye* » *bij schepenen-vivere; XII pt. parasyse eens wegh-* » *draeghens stappans in gereeden gelden te deser* » *warf.* »

La confrérie de Saint-Sébastien occupa son *hove bij schepenen vivere* jusqu'en 1548, époque à laquelle elle vint s'établir sur le *Kouter* dans un superbe local, où elle eut son siège jusqu'à sa suppression en 1796 par le gouvernement de la République française.

Par un premier acte du 9 mai 1548 la ville lui concéda toute la partie du *Kouter*, commençant au *Walpoorte* (pont-madou) jusque vers le milieu de la place. Mais quelques mois plus tard, le 19 novembre 1548 la *Hoofd-Gilde* renonça à cette concession et reçut de la ville toute la partie restante du *Caulerveste* qui comprend aujourd'hui la société l'*Union civile*, la propriété Vanden Bulcke, le corps-de-garde, la société l'*Union*, l'hôtel de la poste et le Grand-Théâtre.

Cette donation se trouve mentionnée dans le registre L. L. dans les termes suivants : « *Ghifte van weghen het* » *Magistraet ghedaen van sekere plaetse ende erfve op* » *den Cautere tot het eregiere van een nyeu scuttershof* » *mits vry latende de riviere, en eenen ganck of traghele* » *daerneffens en betalende in vorme van recognitie zes* » *ponden tsiaers ter stede profite.* »

La Gilde établit ses buts pour le tir à l'arc en longueur, *doelschieten,* le long de la rivière. La perche fut placée sur le *Kouter* lui-même à peu-près en face du corps-de-garde ; on la renouvela en 1739 et elle fut démolie en 1797.

Il n'entre pas dans nos intentions de faire en même temps l'historique de la *Gilde* de Saint-Sébastien ; le but et le cadre de cette notice ne le comportent pas. Nous avons voulu nous occuper de cette puissante corporation de tireurs à l'arc, uniquement au point de vue du splendide et immense local que ceux-ci occupèrent, pendant deux siècles et demi, sur une des plus belles places publiques de la ville de Gand. Disons, à ce propos, que pendant le commencement du XVIII° siècle la confrérie, outre son local de la place d'Armes, avait encore un jardin ou résidence d'été, *hof van plaisance,* situé au quai des Tuileries et dont la vue se trouve reproduite sur une aquarelle de l'atlas de Gand. Cet atlas renferme également une reproduction du local de la *Gilde* près du *Schepenen-Vivere.*

Non contents d'avoir un vaste jardin et de magnifiques salles de réunion, les membres de Saint-Sébastien se payèrent encore le luxe de bâtir une salle de théâtre, qui occupait l'emplacement où se trouve notre Grand Théâtre actuel. Dès le XVII° siècle, des représentations dramatiques et musicales françaises étaient données sur cette scène.

En 1688 la *Gilde* obtint l'autorisation d'établir sur une partie de son terrain, longeant le rempart des Chaudronniers, un manège public : « *Consent verleent aen die van* » *S. Sebastiaen van te moghen bauwen en doen maecken* » *ten coste van de stadt binnen den scutterhove eene* » *maneige ofte pickerye int drooghe omme aldaer te* » *leeren dresseren ende exerceren de peerden, etc...* »

Le théâtre de Saint-Sébastien fut complètement brûlé en 1715.

Le 3 avril 1703, sur une requête présentée par les échevins, l'autorité supérieure décida de supprimer les quatre chefs-confréries de Saint-Georges, Saint-Sébastien, Saint-Antoine et Saint-Michel afin de faire servir leurs locaux à des usages publics. Celui de Saint-Sébastien fut approprié pour servir de logement aux troupes. Cette suppression d'ailleurs ne fut que temporaire ; les confréries furent rétablies l'une après l'autre. Celle de Saint-Sébastien rentra dans son local et reprit ses exercices en 1731.

A peine réinstallée, la confrérie décida d'élever un nouveau théâtre en remplacement de celui brûlé en 1715. Elle décida également de rebâtir complètement son local. L'autorisation de procéder à ces travaux lui fut accordée à condition de construire à ses frais le corps-de-garde et la poste aux chevaux située à côté. L'inauguration de la nouvelle *Gildekamer* et du nouveau théâtre se fit le 10 janvier 1738.

Le bâtiment principal occupait l'emplacement sur lequel se trouve aujourd'hui l'hôtel de la Poste. La façade, qui avait neuf croisées au rez-de-chaussée et au premier étage, était concu dans le même style que celui de la société le *Club,* dont nous parlerons plus loin. L'avant-corps, qui existe encore aujourd'hui et qui forme l'entrée de l'estaminet *het Kelderken,* servait de perron au double escalier par lequel on entrait dans le local de Saint-Sébastien. Au milieu de la façade se trouvait placée une statue du patron de la confrérie.

Le *Kelderken* d'aujourd'hui se nommait à cette époque de *Conchiergerie* et était habité, comme son nom l'indique, par le concierge de la confrérie qui y tenait un débit de boissons. Voici une curieuse annonce insérée dans la *Gazette van Gent* du 12 mai 1738, probablement à l'occasion de l'ouverture du nouveau local : « *Men adverteert een* » *ieder dat Isaac Livinus Bontinck woonende in de* » *Conchiergerie van het Souvereyn Ridderlyck Gilde van* » *Ste Sebastiaen op den Peerde-Gauter binnen deze stad* » *Gendt debiteert Caffé, Thé, Chocolat, ende alle soorten* » *van liqueuren, ende dat de gone t'synen huyse komende* » *drincken, aldaer gratis zullen konnen lesen de* » *Gazetten.* »

La fin de cet avis nous donne lieu de croire que c'est la première fois que, dans un établissement public, des journaux sont mis gratuitement à la disposition des consommateurs.

La belle façade de la *Gildekamer* fut malheureusement démolie en 1826 quand on ajouta encore un étage au bâtiment qui forme maintenant l'hôtel de la Poste. On la remplaça par la façade actuelle, que nous admirons encore aujourd'hui et qui est bien le type le plus accompli de ce que nous pouvons appeler l'architecture du XIXe siècle. Hâtons-nous d'ajouter toutefois que des progrès sensibles ont été accomplis et que depuis quelques années on semble avoir renoncé au « mur couvert de plâtre et percé de trous » nommés fenêtres, » qui formait, il y a seulement quelques années, le nec plus ultra des façades modernes.

Le corps-de-garde, tel qu'il existe encore aujourd'hui, fut construit dans le même style que la *Gildekamer* de Saint-Sébastien. Ce fut d'ailleurs le même architecte, Bernard de Wilde, qui fit les plans et surveilla la construction des deux édifices. Le corps-de-garde était surmonté du double aigle impérial autrichien. Celui-ci fut remplacé au commencement de ce siècle par l'aigle impérial français qui disparut à son tour en 1815. Il fut abattu pour faire place aux armes de la ville, qui furent sculptées en pierre blanche et placées dans la façade du bâtiment.

L'architecte Bernard De Wilde fit également les plans du nouveau théâtre. Ce théâtre atteignit exactement l'âge de cent ans; il fut démoli en 1837 et on construisit le Grand-Théâtre, qui s'y trouve aujourd'hui et qui fut inauguré le 30 août 1840.

Les armes de Saint-Sébastien, dans lesquelles se trouvent quatre petites croix rouges, étaient placées au-dessus de la porte d'entrée du théâtre. Ces emblêmes durent disparaître en 1794 et furent remplacés pendant quelques années par l'inscription : obéissance à la loi. Pour tout ce qui concerne le théâtre de Saint-Sébastien, nous renvoyons le lecteur à la première Série de nos *Pages d'histoire locale*, au chapitre XVII intitulé : le Grand-Théâtre de Gand.

A propos de théâtre faisons observer qu'en 1837, quand on construisit la nouvelle salle de spectacle, il fut question de la bâtir à l'extrémité de la place d'Armes du côté du café des Arcades. Ce projet, qui aurait permis d'isoler le théâtre et d'en faire valoir la façade, fut abandonné à cause des frais d'acquisition de propriétés auxquels il devait donner lieu.

La situation des confréries au siècle dernier, au point de vue de leurs ressources financières et du nombre de leurs membres, était loin d'égaler celle qu'ils avaient pendant les siècles précédents. L'étendue des bâtiments qu'ils occupaient était même une charge pour eux, qu'ils tâchaient d'alléger en louant une partie de leurs locaux.

La *Gilde* de Saint-Sébastien loua son local à la fin du siècle dernier au sieur Busso qui le convertit en hôtel ; elle se réservait toutefois, sous certaines conditions, l'usage de la grande salle et de quelques autres appartements. C'était là que descendaient ordinairement avec leur suite les grands personnages qui venaient visiter la ville de Gand. Quand ces personnes de distinction se rendaient au théâtre, elles étaient escortées par les membres de la *Gilde*, portant des flambeaux allumés.

Le 22 mai 1796 la chef-confrérie de Saint-Sébastien subit le sort des autres confréries et corporations. Elle fut supprimée par le gouvernement français qui mit ses biens en vente publique. Cette vente eut lieu le 22 avril 1797 et donna les résultats suivants : la salle de spectacle avec les décors et les accessoires, une partie de la cour et les écuries furent achetées par une société pour la somme de 2,300,000 fr. L'hôtel de la confrérie et ses dépendances, formant le 2e lot, furent adjugés au locataire, le sieur Busso, pour la somme de 2,250,000 fr. Il est à observer que ces prix d'achat étaient payables en bons territoriaux.

Le procès-verbal d'adjudication de ce second lot l'estime à 70,000 livres, valeur en monnaie d'or ou d'argent. Ce lot est décrit comme suit : une maison avec 106 verges de prairie et une cour de 56 verges ; la maison est composée de 4 places au souterrain (aujourd'hui l'estaminet *Het Kelderken*), 5 au rez-de-chaussée, 7 en haut et louée au citoyen Busso, aubergiste, pour la somme de 1600 livres.

Ces livres étaient des livres françaises valant 1 franc.

Peu de temps auparavant, en 1789, la salle de réunion avait été peinte et remeublée à neuf. Les ouvrages de peinture étaient l'œuvre de l'italien Servandoni, qui reçut de ce chef quinze louis d'or.

Un arrêté du préfet de 1802 permit à la *Gilde* de Saint-Sébastien de se reconstituer. La confrérie ainsi rétablie, n'était plus qu'une simple société de tireurs à l'arc, ne possédant aucun des privilèges, ni des immunités dont jouissait l'ancienne « *Souvereyne Hoofd-Gilde van den H. Sébas-* » *tiaen onderhouden met den handbogen.* »

III.

Les Sociétés.

Dans le courant de ce siècle plusieurs sociétés se sont établies sur la place d'Armes; les unes ont disparu, les autres existent encore en ce moment. Nous nous proposons de les passer rapidement en revue et de donner une courte notice de chacune d'elles. Quelques-uns de ces cercles ont joué un certain rôle dans les évènements politiques qui se sont accomplis à Gand, principalement après la révolution de 1830. Ils méritent à ce titre une mention toute spéciale.

Les trois plus anciennes sociétés de la ville, ayant leur local sur la place d'Armes, sont : la *Concorde*, le *Club* ou Société des Nobles, nommé aussi *Société littéraire* et l'*Union civile*, désignée à l'origine sous le nom de *Société patriotique.* Pendant la période agitée qui suivit les journées de septembre 1830, chacun de ces trois cercles reçut un surnom qu'ils conservèrent pendant plusieurs années.

Le premier s'appelait *het Verkenskot*, le second *het Ezelskot* et le troisième *het Hondekot*.

La Concorde.

Nous nous occuperons d'abord de la plus importante de toutes : la *Concorde*. Elle eut une origine très modeste. Ce n'était d'abord qu'une simple réunion de quelques amis qui, au commencement de ce siècle, se voyaient tous les soirs au café Gantois, nommé aussi café d'Hart. Leur nombre s'accrut au point qu'en 1809 ils demandèrent à l'administration municipale l'autorisation de se constituer en société; ce qui leur fut accordé. Le café d'Hart, dont nous venons de parler, était situé au coin de la rue du Moulinet (*Molekenstraat*), qui conduit de la rue des Champs à la Lys.

De 1814 à 1816 le siège de la société, qui avait pris le titre de « *la Concorde* », fut établi au café des Arcades, à la place d'Armes. Elle retourna pendant un an au café Gantois et en 1817 elle occupa la maison Quetelet rue courte du Marais.

Peu de temps après, la *Concorde* prit en location l'hôtel Papejans, situé à la place d'Armes. Une association par actions se forma en 1825 et se rendit acquéreur du local dont elle concéda la jouissance à la *Concorde*. En 1850 une autre association civile fut établie et acheta l'hôtel Limnander, formant le coin de la place d'Armes et de la rue courte du Marais. La réunion de ces deux propriétés, Papejans et Limnander, forme le magnifique local que la *Concorde* occupe aujourd'hui et qui est fréquenté par l'élite de la bourgeoisie gantoise.

Ce cercle, depuis qu'il est établi à la place d'Armes, n'a eu que quatre présidents : Mr Baligand jusqu'en 1842; le comte d'Hane jusqu'en 1858; M^r l'avocat Metdepenningen jusqu'en 1881. M^r l'avocat d'Elhoungne, membre de la Chambre des représentants et ministre d'État, se trouve aujourd'hui à la tête de la société.

Ce fut surtout pendant les premières années de la fondation du nouveau royaume de Belgique, que ce cercle eut une existence assez agitée. Composé presque entièrement d'orangistes et de libéraux, ses membres étaient exposés continuellement aux violences des patriotes et des cléricaux. Il ne se passait pas de jour sans que des attroupements ne se formassent devant le local de la *Concorde*. Ces manifestations hostiles étaient surtout provoquées par les articles violents des journaux cléricaux : le *Journal des Flandres* et le *Catholique*.

Nous avons dit plus haut que la société la *Concorde* avait reçu le surnom de *Verkenskot*. Une chanson, intitulée *het groot Verkenskot*, donne en 8 couplets la description de la *Concorde*. Cette description est remplie d'attaques contre le gouvernement néerlandais et les orangistes et de personnalités contre plusieurs membres de la société. Voici l'entrée en matière de ce factum :

> In de stad Gend, zeer hoog vermaerd,
> Vind men kotten van allen aerd,
> Waer onder men het grootste roemd
> Bij elk het verkenskot genoemd.

La *Concorde* d'ailleurs est restée fidèle à son passé. Le drapeau libéral qu'elle arborait en 1830, elle a continué à le déployer dans toutes les crises politiques que notre pays a traversées. Nous nous souvenons encore de ce qui se passait à Gand en 1857 pendant la discussion de la loi sur les couvents. Une grande animation règnait en ville par suite de la décision que l'autorité supérieure avait prise de recourir à l'intervention de l'armée. Celle-ci reçut l'ordre de disperser les groupes, qui se formaient principalement à la place d'Armes pour discuter les évènements du jour. L'ordre fut même si bien exécuté qu'un peloton de chasseurs à cheval opéra une charge contre les membres de la *Concorde*, qui stationnaient sur le trottoir du local et dont plusieurs furent renversés et blessés.

A toutes les élections qui ont eu lieu en notre ville depuis 1830, que · nous soyons vainqueurs ou vaincus, c'est à la *Concorde* que se porte la grande masse des Gantois — et ils sont légion — qui défendent les idées libérales.

Société patriotique — Union civile et militaire — Union civile.

En 1789 existait à Gand une société dite : « *Société patriotique* » et composée, comme son nom l'indique, de Patriotes c'est-à-dire de partisans de la révolution brabançonne. Cette association, placée sous la haute protection du clergé, faisait une guerre acharnée au parti de Joseph II et à ceux qui partageaient les idées de ce monarque éclairé.

Cette société avait reçu le nom de *Hondekot* à cause du sobriquet de *Bloedhonden* qu'on appliquait aux patriotes, depuis que ceux-ci à Bruxelles avaient tué le malheureux Van Kriekingen en lui sciant la tête. On sait que tout le crime de ce jeune homme consistait à ne pas s'être découvert devant une procession de capucins.

Quarante ans plus tard, en 1830, une société portant

le même titre se fonda à Gand à la suite des journées de
septembre. Cette association, comme sa devancière
de 1790, se composait de patriotes et de cléricaux, tous
adversaires du gouvernement néerlandais et défenseurs
du nouveau régime qui venait d'être inauguré en Belgique.
La population de Gand donna immédiatement à la nouvelle
Société patriotique, le nom de *Hondekot*.

Tout comme pour la *Concorde*, une chanson de circonstance en onze couplets fut également composée à son
intention. Voici les deux premiers couplets de cette chanson, intitulée « *Het Hondekot* » :

> Toen m'in 't jaer negentig was zot,
>   Boe, boe ;
> Was er in Gent een Hondekot,
>   Boe, boe ;
> Men schreeuwde, baste en huylde daer
> Voor de vrijheid en den altaer,
> Boe, boe ; boe, boe ; boe, boe.
>
> Men baste daer voor Vander Noot,
>   Boe, boe ;
> Men baste voor bedrog en snood,
>   Boe, boe ;
> Men baste voor de heerschappij
> Van d'eelmans en de paperij,
> Boe, boe ; boe, boe ; boe, boe.

La *Société patriotique* se mêla très activement des
élections qui eurent lieu à cette époque. Elle ne parvint
aucune fois à faire passer ses candidats pour le conseil
communal, où les électeurs de Gand continuèrent à se faire
représenter par des mandataires orangistes et libéraux. Il
en fut tout autrement pour le Congrès et les Chambres
législatives, grâce aux suffrages des électeurs de la cam-

pagne, qui écrasaient la ville de Gand en votant pour les candidats de la *Société patriotique*.

Celle-ci occupait à l'origine sur la place d'Armes la maison habitée aujourd'hui par M. Van Loo-Wauters et construite en 1809 par le baron de Draeck.

En 1836 elle prit le titre de *Société littéraire, civile et militaire de l'Union belge* et choisit pour local le ci-devant grand café, situé à côté de la maison Vandenhecke et qu'elle occupe encore aujourd'hui sous le nom de : *Union civile*. Les militaires devaient au début faire partie de ce cercle qui, pour ce motif, porta pendant plusieurs années la dénomination de *Société militaire*.

Société littéraire. Club des nobles.

En 1790 il s'établit à Gand, dans la maison située à côté du corps de garde, une société qui prit le nom de *Société Littéraire*. C'est probablement cette association qui a donné naissance à la *Société Littéraire,* fondée à Gand le 15 pluviose an X (14 février 1802) dans l'hôtel Faligant et qui existe encore aujourd'hui. Elle est plus spécialement désignée sous le nom de *Club* ou cercle des nobles.

Quant au titre de *Société Littéraire,* il nous a été impossible d'en trouver l'origine ou la justification, soit dans les statuts et règlements de la société soit dans les ouvrages, en prose ou en vers, publiés par des membres de ce cercle où parus sous son patronage.

L'hôtel Faligant, occupé encore aujourd'hui par le club, a été construit en 1755. Sur son emplacement s'élevait autrefois un *Steen,* nommé *den Pauw,* dont le domaine utile appartenait à la commune. Nous lisons dans les *Jaerregisters* de 1462 que la ville loua le *Pauw* à un prêteur sur gages, nommé Garret. A côté de ce *Steen* se trouvait la ruelle dont nous avons parlé plus haut et qui fut supprimée en 1652.

Comme la *Concorde* et la *Société patriotique*, le *Club* ou société littéraire reçut également un sobriquet en 1830. On l'appela het *Ezelskot*.

Entre le *Club* et l'ancien local de la *Société patriotique* était situé au commencement de ce siècle l'hôtel des Pays-Bas. C'est là que pendant les cent jours résida avec sa suite le comte d'Artois, frère de Louis XVIII auquel il succéda sous le nom de Charles X. Cet hôtel fut acquis ensuite par le bourgmestre Van Crombrugghe qui l'habita jusqu'à son décès (10 mars 1842). La propriété passa après lui entre les mains de la famille Zaman-Van Crombrugghe. Elle est habitée aujourd'hui par M. A. Verbeke qui l'a acquise récemment.

———

Quant aux autres sociétés qui ont eu ou qui ont encore leur local sur la place d'Armes nous ne pouvons en donner qu'un rapide aperçu. Leur nombre est trop considérable pour qu'il nous soit possible d'entrer dans de longs détails à ce sujet.

———

Société Industrielle.

Il existait autrefois à Gand une *Société Industrielle*, fondée en 1829. Elle avait son local au premier étage du café des Arcades. Cette société, comme son titre l'indique,

s'occupait de tout ce qui a rapport aux questions industriel-
les intéressant la ville de Gand.

Elle organisait également des concours, dans lesquels
elle décernait des prix à ceux qui inventaient ou perfec-
tionnaient des machines et des procédés industriels.

———

Voici maintenant quatre sociétés l'*Union*, la *Société
Bourgeoise*, la *Société des Étudiants* et les *Mélomanes*,
qui toutes ont occupé le même local situé à côté du corps-
de-garde et où, comme nous venons de le voir, fut fondée
en 1790 la *Société littéraire*. Ce local fut abattu en
1865; sur son emplacement on construisit la maison qu'on
y voit aujourd'hui.

———

L'Union.

La société l'*Union*, qu'il ne faut pas confondre avec
l'*Union civile*, dont il question plus haut, fut fondée en
1842. Le premier règlement de ce cercle porte qu'il a été
institué « pour travailler par l'union et la bonne intelligence
» au bien être général. » L'article 2 disait : « Tout membre
» devra payer patente et appartenir à la classe des trafi-
» quants-boutiquiers ou à celle des artisans. »

Un nouveau règlement du 9 novembre 1855 n'exige plus
comme condition d'admission que d'habiter la ville de Gand
depuis un an. Telle qu'elle est constituée aujourd'hui cette
société est, comme la *Concorde*, un cercle d'agrément dont
toute personne honorable peut faire partie, après avoir été
agréée par la commission de ballotage.

Le 4 décembre 1849 l'*Union* acquit au prix de 68,000 fr.
l'ancienne poste aux chevaux, entre le corps-de-garde et

l'*Hôtel de la Poste* Les bâtiments furent appropriés à leur nouvelle destination et l'inauguration en eut lieu le 21 juillet 1851. Ce local fut presque complètement rebâti en 1874-75; la disposition intérieure en fut changée et la façade reconstruite à neuf.

Cette société n'a pas de couleur politique. A chaque élection cependant, quand la victoire appartient au parti libéral, elle s'empresse d'arborer son drapeau en l'honneur des vainqueurs. Inutile d'insister et d'expliquer à quelle opinion appartient la presque totalité des membres de l'*Union*.

*
* *

La Société Bourgeoise.

Quand en 1851 l'*Union* alla s'établir dans l'ancienne poste aux chevaux dont nous venons de parler, une scission se produisit dans son sein. Une partie des membres resta dans l'ancien local, où ils fondèrent une nouvelle association, qui prit le titre de *Société bourgeoise* et adopta pour devise « *het hek aan den ouden stijl.* »

L'existence de la *Société bourgeoise* ne fut pas de longue durée. Après des vicissitudes de diverses espèces, elle disparut en 1857.

*
* *

Société des Étudiants.

En 1855 la *Société bourgeoise* loua à la *Société des Étudiants* une partie de son local. Tous ceux d'entre nous, anciens étudiants de cette époque, se rappelleront avec plaisir les heures agréables qu'ils y ont passées. Quand

nous reportons nos souvenirs à une trentaine d'années en
arrière, toutes les fêtes, tous les cortèges, toutes les manifestations politiques et autres auxquels les étudiants de ce
temps prirent part, nous reviennent à la mémoire.

Mais c'est surtout pendant les années 1855, 1856 et
1857 que le local de la *Société des Étudiants* fut témoin
des manifestations et des protestations auxquelles donnèrent lieu les attaques dirigées par le parti catholique
contre l'*Alma Mater* gantoise. Le clergé de Gand, l'évêque
en tête, ne laissait passer aucune occasion de calomnier
l'université, qu'il représentait comme un antre de perdition
et d'immoralité. A. l'en croire, l'enseignement qu'on y
donnait était impie ; les élèves, qui sortaient d'un pareil
établissement, étaient capables de commettre tous les
crimes.

Toutes ces injures et toutes ces calomnies ne parvinrent
pas à ébranler la confiance des parents, qu'on engageait
à retirer leurs fils de l'Université de Gand pour les placer
à celle de Louvain. Notre établissement d'instruction
supérieure, fondé par le gouvernement du roi Guillaume,
résista à tous les assauts. Il se maintint debout, justifiant
ainsi une fois de plus le mot du ministre Falck en 1817 :
Perpetua esto !

Rappelons ici un incident caractéristique, qui concerne
une de nos célébrités parlementaires libérales, M. J. Bara,
En 1855 des députations d'étudiants liégeois et bruxellois
vinrent à Gand porter une adresse de félicitations aux
élèves de notre Université, qui avaient défendu avec tant
d'énergie la tolérance religieuse et la liberté d'enseignement. De la députation bruxelloise faisait partie M. J. Bara.
Il prononça à la Société des *Étudiants* un discours, qui fut
probablement son début dans la vie politique.

La Société des *Étudiants* dut quitter son local en 1857.
Cet évènement fut cause de sa dissolution momentanée. La
Société se reconstitua en 1859 et alla se fixer rue des
Foulons, en face de l'Université.

Depuis 1881 la Société des *Étudiants* est revenue à la
Place d'Armes, où elle occupe tout le premier étage du
Café Montmorency (Café Pierre), au coin du marché aux
Oiseaux.

L'Avenir

Le cercle l'*Avenir* eut également pendant quelque temps
son local dans la grande salle du *Café Montmorency*.
C'est là que se réunirent en 1876 les collecteurs qui accom-
pagnèrent le cortège de la Pacification de Gand.

Société des Mélomanes.

Ce fut la Société des *Mélomanes* qui en 1857 vint se
fixer dans le local de la place d'Armes, dont nous nous
occupons en ce moment, et où elle résida jusqu'en 1865.

Cette brillante association musicale, fondée le 1 octobre 1838, est connue trop avantageusement pour qu'il soit
nécessaire d'en parler dans cette notice.

De la place d'Armes les *Mélomanes* allèrent occuper
l'ancien hôtel de Coninck (aujourd'hui institut ophtalmique)
au coin de la rue Haut-Port et du Sablon, qu'ils quittèrent
en 1872. Depuis lors ce Cercle a son siège dans l'ancienne
propriété de Busscher, située rue Savaen, qu'il a achetée et
appropriée à sa nouvelle destination.

Le local de la place d'Armes fut acheté en 1865 par

M. Vandenbulcke qui l'abattit complètement et le remplaça par la maison que sa famille habite encore aujourd'hui.

___

Cercle Commercial et Industriel.

Le *Cercle commercial et industriel,* fondé en 1857, vint s'établir en 1865 dans les salons du rez-de-chaussée de l'Hôtel royal à la place d'Armes. Il avait auparavant pour local le magnifique hôtel situé au *Poel* et connu autrefois sous le nom de *Hof van Wackene.* Ce local appartient aujourd'hui au *Cercle Catholique.*

La société occupe depuis 1883 tout le premier étage au-dessus du Grand Café, rue du Marais. Ainsi que son titre l'indique le *Cercle Commercial et Industriel* est une association de fabricants et de négociants, qui comprend dans ses attributions tout ce qui peut concourir au développement du commerce et de l'industrie dans la ville de Gand·

___

Association libérale constitutionnelle.

C'est au premier étage de la *Concorde* que sont établis depuis 1876 les locaux de l'*Association libérale et constitutionnelle de l'arrondissement de Gand.* Cette société fut fondée en 1843 sous le titre plus que modeste de *Société électorale* de la Flandre orientale. Elle avait à son origine pour président le comte d'Hane et pour vice-président M Jean Rosseel ; les secrétaires étaient MM. Delwaert et J. Vanden Berghe ; M. Ed. Van Pottelsberghe de la Potterie était trésorier. Elle prit en 1847 le titre d'*Asso-*

ciation libérale qu'elle a continué de porter depuis.

C'est en combattant sous le drapeau de cette puissante association que l'opinion libérale a remporté aux élections législatives, provinciales et communales maintes victoires sur le parti catholique.

Société d'Harmonie de Sainte-Cécile.

A côté de la maison, formant le coin de la rue du Soleil et de la place d'Armes, existait autrefois l'hôtel estaminet *het hof van Engeland* plus connu sous le nom de *het Boerenhol.* C'est là que fut fondée en 1810 la célèbre société d'harmonie de *Sainte-Cécile,* dissoute en 1840.

Kunstgenootschap

Le *Kunstgenootschap,* fondé à Gand en 1841, eut pendant les années 1855 et 1856 son local dans la grande salle du premier étage du *Café Montmorency* aujourd'hui *Café Pierre.* En 1879 ce cercle se fusionna avec la *Société littéraire* sous le nom de *Cercle artistique et littéraire* et alla s'établir rempart St-Jean.

Cercle Musical.

Le *Cercle musical,* établi dans les salons de l'*Hôtel royal,* est une société qui s'occupe d'organiser des concerts qu'elle offre à ses membres dans les salons du Grand-Théâtre.

Club Musical.

Le *Club musical*, fondé à Gand en 1847, avait pour but, comme le porte son règlement, l'exécution de chœurs et de morceaux d'ensemble. Ses membres se réunissaient au *Café Suisse*, occupé aujourd'hui par la maison Vanden Bos. Le *Club musical* cessa d'exister en 1854.

Lauwerkrans.

Nous ne pouvons finir cette notice sans mentionner le *Lauwerkrans*, société qui eut son heure de célébrité et qui a fêté il y a trois ans le cinq centième anniversaire de sa fondation (!?). Les membres de ce cercle se réunissent ordinairement au *Café Pierre* et donnent leurs fêtes dans les salons de l'hôtel de la Poste.

Nous devons forcément nous arrêter ici. Il nous serait facile de citer encore une quantité considérable de sociétés de toutes espèces, qui ont eu leur local dans les hôtels, cafes et estaminets de la place d'Armes. Nos concitoyens ont l'esprit d'association développé au suprême degré. Que quatre Gantois se réunissent quelque temps dans un établissement public, immédiatement ils fondent une société avec un président, un secrétaire et un trésorier; le quatrième restant constitue « les membres de la société ». De là ce grand nombre d'associations gantoises aux tendances et aux buts les plus variés, mais qui n'ont parfois qu'une existence éphémère et que nous devons nécessairement passer sous silence.

IV.

**Fêtes publiques, assemblées populaires; cortèges, carnaval;
manifestations politiques; marchés.**

De temps immémorial la place d'Armes a servi de lieu
de réunion à nos concitoyens pour y organiser des fêtes, y
tenir des assemblées populaires et s'y livrer à des manifestations politiques ou autres.

On croit généralement, mais à tort, que ces assemblées
se sont toujours tenues au marché du Vendredi. Il paraît,
au contraire, que jusque vers 1338 c'était sur le *Kouter*
qu'avaient lieu ces réunions publiques.

C'était là aussi que se passaient les revues des corps de
métiers en armes. N'oublions pas que la place s'étendait
alors jusqu'au *Cauterveste;* elle avait par conséquent une
superficie qui permettait aux grandes masses d'hommes de
s'y placer à leur aise. Plus tard le marché du Vendredi fut
également choisi pour y passer les revues.

Nous trouvons à ce sujet des détails très intéressants et
inédits dans une étude sur le *Torreken* du marché du
Vendredi, que M. Julius Vuylsteke publia dans les numéros
de mai et juin 1883 du *Volksbelang.* L'auteur donne
plusieurs extraits des *Stadsrekeningen* de 1322 à 1329,
dans lesquels il est parlé des réunions populaires de la
place d'Armes : « ... *de ghemeente te vergaderne uple*
» *Cautere* »; « ... *omme tvolc ter Coutere te gtbiedene* »;
« .... *omme de lieden ter Cautere te vergaderne* ».
Chaque corps de métier avait sa place spéciale sur le
Kouter, comme plus tard sur le marché du Vendredi Dans
les comptes de 1328 et 1346, cités également par
M. J. Vuylsteke, on lit à propos de travaux effectués à la

place d'Armes : « ... *daer de wevers pleghen te stane* » ; « *werken an den steeghere an de Cautre daer de wevers* » *staen.* »

En temps de troubles, c'était encore la place d'Armes que le peuple choisissait pour s'assembler ; ce fait est constaté par les *Stadsrekeningen* de 1328 où, en parlant de troubles occasionnés par les tisserands, il est dit que ceux-ci se réunirent sur la place d'Armes « *en ten Coutere gekomen* » *waren.* »

Avant de partir pour la guerre, les corps de métiers en armes étaient passés en revue sur le *Kouter*. Nous voyons, par exemple, qu'une grande revue eut lieu le 22 avril 1338, la veille du départ pour Biervliet, en présence de Jacques van Artevelde et des quatre autres *Hoofdmannen*. Les *Stadsrekeningen* nous fournissent encore une fois de précieux renseignements à ce sujet ; à la date du 22 avril 1338, nous lisons au chapitre des dépenses : « *Item gaven sij den* » *trompeneren die trompten ter Coutren swonsdages* » *naer quasimodo, doe men daer herescouwinghe dede,* » *16 s. 8 d.* » « *Item den cnechten, die de targen* » *droughen ende hilden voer de bataille ter selver here-* » *scouwinghen, 43 s. 4 d.* » Les *targen* étaient de grands boucliers que des valets plaçaient devant les arbalétriers, pour protéger ceux-ci pendant qu'ils tiraient. On sait que *here* signifie armée ; de là *herescouwinghe,* revue de l'armée.

Toutes les convocations des assemblées populaires et des revues se faisaient par des messagers à cheval, qui se rendaient dans les différents quartiers de la ville où ils réunissaient les habitants en sonnant de la trompette.

Au sujet des troubles, qui venaient parfois ensanglanter la cité gantoise, le *Memorieboek* parle d'un mouvement populaire qui éclata en 1374 et dans lequel le grand-bailli fut tué sur la place d'Armes par les foulons et les chaperons blancs, *'t gene gebeurde door de volders ende witte caproenen van de selve stadt.*

———

Nous venons de parler de revues. C'est le moment, croyons-nous, de rappeler la satisfaction que la population gantoise a éprouvée, il y a quelques semaines, en voyant rétablir les revues de l'armée avec le défilé obligé sur la place d'Armes. Depuis la réorganisation de la garde civique en 1848, celle-ci opère également, les jours de revue, son défilé sur la place d'Armes.

C'était aussi sur la place d'Armes que sous le gouvernement néerlandais avait lieu une revue ou inspection, qu'on nommait *de Parade,* d'une partie de la garnison. Au siècle dernier cette inspection se faisait devant l'hôtel-de-ville sur la *Paradeplaats,* aujourd'hui marché au Beurre.

N'oublions pas enfin de mentionner la retraite militaire qui se faisait chaque soir à la place d'Armes et qui prit fin dans les villes de garnison quand on supprima les tambours. Espérons que la réintroduction de ces instruments dans les régiments d'infanterie amènera en même temps, à la plus grande joie de la jeunesse gantoise, le rétablissement des retraites militaires avec leur accompagnement de roulements de tambours et de sonneries de clairons et de trompettes.

———

Dans les *voorgeboden der stad Gent in de XIVᵉ eeuw,* que M. N. de Pauw vient de faire paraître dans les publications des *Vlaamsche Bibliophilen*, nous lisons qu'à cette époque déjà il était défendu de vendre les chevaux ailleurs que sur la place d'Armes où se tenait le marché. A la date du 17 mars 1337 il y est dit : « *wij ghebieden etc.*, *dat* » *niemand gheene paerde en vercoepe no ne toeghe up de* » *mude no ne elre, maer dat mense toeghe ende vercoepe* » *up de cautere of daer omtrent, up X lb.* »

Cette défense est renouvelée le 7 mars 1365 et le 4 mars 1368. Il s'agit ici — on le voit par l'indication du mois — de la foire aux chevaux de la mi-carême. Ce marché continua à se tenir à la place d'Armes et dans les rues adjacentes telles que la rue longue du Marais et la rue courte du Marais jusqu'en 1859. Depuis lors il se tint à la plaine des Manœuvres (ancien château des Espagnols) et de là hors la porte d'Anvers où il existe encore aujourd'hui.

C'était sur le *Kouter* que se donnaient fréquemment des tournois à pied et à cheval, dans lesquels de preux et féaux chevaliers, armés de toutes pièces, venaient rompre maintes lances en l'honneur de Dieu, du prince et de leur dame. Les plus remarquables furent ceux de 1392 et de 1417. Dans ce dernier, organisé en l'honneur du comte de Charolais, plus tard Philippe-le-Bon, duc de Bourgogne et comte de Flandre, les seigneurs qui y prirent part déployèrent un luxe et un faste inouïs.

En 1549 un tournoi fut organisé devant l'empereur Charles-Quint; *groote tryomphe was bedreven op den Cautere*, rapporte le *Memorieboek*. Les jeux ou manœuvres étaient commandés par son fils Philippe, le futur bourreau des Pays-Bas.

Quelques années plus tard en 1566, au milieu des

troubles religieux qui désolaient nos provinces, les seigneurs, faisant partie des corps de cavalerie en garnison à Gand, donnèrent un brillant carrousel à la place d'Armes. Ils étaient armés de toutes pièces et superbement vêtus comme l'écrit Vaernewyck : « *ghewapent totten tanden, met* » *ghesloten helmetten ende al met fluweelen rocx onder* » *haer hernasch uut kijckende, al van colueren ende* » *daerop gheborduert wel eene palme breet, ende hadden* » *plumaigiën....* »

A l'occasion de la sortie de la fameuse procession du jubilé de Saint-Macaire en 1767, un grand nombre de fêtes furent données à Gand. Parmi celles-ci il nous faut citer un carrousel, organisé à la place d'Armes par la *Gilde des Cavelotters* ou corporation des louageurs de carrosses et marchands de chevaux. Plus de trois cents cavaliers, venus de toutes les parties de la province, y prirent part.

Le 26 mars 1814 les cosaques, qui tenaient garnison à Gand, organisèrent une fête équestre à la place d'Armes en l'honneur de leur colonel. Celui-ci était logé à l'hôtel de la douairière Vanden Hecke où il donna le même soir un grand bal.

Nous nous rappelons de notre côté avoir assisté à un carroussel burlesque, qui eut également le *Kouter* pour théâtre lors d'un cortège, organisé par la Société philantropique *zonder Naam niet zonder Hart* pendant les journées de carnaval de 1863.

Les trois *Hoofd-Gilden* de Saint-Georges, de Saint-Sébastien et de Saint-Michel avaient également l'habitude de choisir la place d'Armes pour y donner leurs fêtes et leurs concours. Le genre d'exercice auquel se livraient les membres de la quatrième confrérie, celle des arquebusiers et couleuvriniers (canonniers) de Saint-Antoine, ne leur permettait pas de se réunir à la place d'Armes. Leurs tirs eurent successivement lieu près des remparts d'Akkergem, au *Vogelenzang*, dans la Cour du Prince, au *Plattesteeger* et depuis 1826 dans le local actuel, situé au quai des Moines derrière la caserne d'infanterie.

Les grands concours à l'arbalète, donnés par la confrérie de Saint-Georges, étaient ordinairement des tirs au but, *Doelschieten*, qui se tenaient dans le local de la *Gilde*. Les deux concours les plus remarquables furent ceux de 1440 et 1498 dont nous avons donné la description dans la première série de nos pages d'histoire locale gantoise.

La confrérie organisait également à la place d'Armes des tirs à la perche. Nous ne pouvons naturellement passer tous ces concours en revue; bornons-nous à en citer quelques-uns. En 1560 un cortège, dans lequel figuraient près de 200 cavaliers, alla prendre à son domicile l'arbalétrier Joos van Brackele qui avait abattu l'oiseau supérieur. Deux ans plus tard ce fut au tour du comte d'Egmont à être proclamé roi ; le magistrat de Gand donna à cette occasion des fêtes qui durèrent trois jours.

Au commencement du XVIIᵉ siècle les archiducs Albert et Isabelle prirent également part à un concours à l'arbalète. En 1752 la confrérie organisa un concours qui l'entraîna à des dépenses considérables; la place d'Armes, sur laquelle se trouvait dressé un énorme arc de triomphe, avait reçu une décoration des plus riches. Le gouverneur des Pays-Bas, Charles de Lorraine, abattit l'oiseau supérieur. Afin de conserver le souvenir de cet événement mémorable, un artiste gantois, Pierre van Reysschoot, fut chargé de peindre un tableau représentant le tir à la place d'Armes. Ce tableau se trouve actuellement au musée d'archéologie de la rue des Pierres avec celui qui nous montre les archiducs du XVIIe siècle au pied de la perche.

Les concours à l'arc à la main, organisés par la confrérie de Saint-Sébastien, se donnaient également sur la place d'Armes. Un des plus brillants fut celui de 1428, auquel 59 confréries, venues de toutes les parties des Pays-Bas, prirent part. Mentionnons encore ceux de 1432, 1477, 1497 et 1561. Au XVIIIe siècle, le plus remarquable fut celui qui se donna en 1767 à l'occasion de la procession du jubilé de Saint-Macaire.

La perche qui avait été reconstruite en 1734, fut abattue en 1797.

Il est arrivé que la confrérie de Saint-Michel a aussi donné des concours d'escrime à la place d'Armes. Au XVIIIe siècle, ces exercices avaient ordinairement lieu au marché du Vendredi. Pendant le siècle actuel la confrérie, outre la place d'Armes, choisit souvent le marché aux Grains pour s'y livrer au noble jeu de l'épée. Le dernier concours public sur cette place eut lieu en 1857.

Les fêtes de la confrérie de Saint-Michel comprenaient ordinairement un cortège, dans lequel figurait le diable. Le rôle du personnage, chargé de représenter le roi des enfers, consistait principalement à recevoir des coups de fléau que lui administraient des membres de la corporation des *Pynders,* revêtus d'un costume blanc. Depuis que les concours d'escrime se donnent au local de la confrérie, ce cortège, qui ne manquait pas d'originalité, a disparu.

———

Avant de passer à l'époque moderne, citons encore quelques particularités relatives au *Kouter* et quelques épisodes dont cette place a été le théâtre aux siècles derniers.

En 1548 on fondit au milieu de la place d'Armes la nouvelle grosse cloche ou gros bourdon, qui était déstinée à la tour de Saint-Nicolas. Ce fait est relaté dans le *Memorieboek* à l'année 1548 « *Item in 't jaer XLVIII was de* » *groote clocke van Sente Nicolaés ghegoten op den* » *Cautere.* »

*

Un événement très curieux et dont Vaernewyck nous fait le récit dans ses *beroerlicke tijden,* s'est passé à la place d'Armes le 22 septembre 1566. Il s'agit d'une bataille entre enfants, dans laquelle ceux-ci firent usage d'armes à feu qu'ils avaient confectionnées eux-mêmes. L'autorité dut intervenir pour y mettre le hola et pour réprimer l'ardeur guerrière des gamins gantois du XVIe siècle. L'auteur voit dans ces faits les présages des guerres qui vont ensanglanter les Pays-Bas.

*

Le 16 octobre de la même année 1566, le *Kouter* était couvert d'une foule compacte et animée. C'étaient les protestants qui attendaient l'issue des délibérations, auxquelles leur délégués se livraient dans la cour de Saint-Sébastien, avec les échevins, au sujet du local où pourrait s'exercer le nouveau culte. « *Dese communicacie was ghehauden* » *up den Cautere voornoemt, int hof van Ste Sebastiaen* » *ende den Cauter was al vul volcx.* »

En attendant l'ouverture des nouveaux temples, les protestants célébrèrent les cérémonies de leur culte dans un bâtiment qu'ils construisirent hors la porte de Bruges près du *Motje*.

Pendant cette période si agitée de notre histoire, c'est sur la place d'Armes que se tenaient les revues de la garnison, *monsteringhen*, et que bivouaquaient souvent les troupes qui ne faisaient que traverser la ville.

Le *dagregister*, publié en 1839 par M. Ph. Blommaert, nous fait part des essais de pièces de canon qui eurent lieu sur le *Kouter* le 2 avril 1580 : « *13 groote* » *stukken geschut werden driewerf op den Kouter zonder* » *hinder afgeschoten ten proeve.* » Il faut avouer que l'endroit etait, on ne peut mieux choisi pour se livrer à des expériences aussi dangereuses.

Il est à remarquer que durant la seconde moitié du XVIe siècle, alors que le bourreau fonctionnait du matin au soir et que dans tous les quartiers de la ville le clergé catholique faisait brûler, pendre, enterrer vifs et écarteler les protestants, aucune exécution n'eut lieu sur la place d'Armes. Cette ignominie lui fut épargnée.

Il paraît que les enfants, grands et petits, avaient l'habitude de se réunir à la place d'Armes pour s'y livrer à leurs jeux favoris. Ceux-ci présentaient parfois certains dangers pour les passants et les promeneurs. Aussi l'autorité communale crut-elle devoir y mettre fin en prenant, à la date du 5 février 1605, une ordonnance de police dans laquelle nous lisons entre autres : « *geinterdiceert aen alle*
» *personnen van wat qualiteyt dat zij zijn edelmannen,*
» *soldaten, hemlieden jonghens, vremde ofte insetene te*
» *spelen met pallemaillen, houten ballen, stocken, slyn-*
» *ghers, colven niet meer up den Cauter dan elders*
» *up pene.... »*

 Autrefois ennement un marché de vieux effets se tenait à la plaine Saint-Pierre. Une ordonnance du 14 octobre 1581 décida que ce marché se tiendrait dorénavant au *Kouter*, ainsi que le porte le *Memorieboek* : « *was bij voorghebode*
» *belast de maerct van Sente Pieters, die men noempde*
» *de cloostermaerct, te haudene op den Cautere. »*

Ce marché fut rétabli plus tard à la plaine Saint-Pierre. Un arrêté municipal du 21 Nivose an IX le supprima définitivement en le qualifiant : « *onder den naem van klooster-*
» *merkt en gemeynelyk onder dengene van Dievenmerkt.»*
Ce dernier nom de *dievenmerkt* indique suffisamment qu'on y vendait beaucoup d'objets provenant de vols.

Autrefois lors des fêtes ou cérémonies publiques, les feux d'artifice se tiraient au *Kouter* et au marché du Vendredi. Mais c'était principalement sur le *Kouter* qu'avaient lieu le concours du *Viervogel*. Ce concours, auquel prenaient part les membres des quatre chefs-confréries, consistait à tirer avec l'arc ou l'arbalète sur un oiseau qui, par le contact de la flèche, s'enflammait et devenait une pièce d'artifice.

―――――

Si nous passons à la période moderne, il nous faut tout d'abord parler des fêtes républicaines qui furent célébrées sur la place d'Armes à la fin du siècle dernier et au commencement du siècle actuel. Nous pouvons citer indistinctement les fêtes de la Jeunesse, de la Victoire et de la Reconnaissance, des Epoux, de la Souveraineté du peuple, de la Fondation de la république, etc.

Un théâtre spécial se trouvait à cet effet dressé en permanence au milieu de la place d'Armes. Il était orné d'emblêmes républicains, empruntés aux traditions de Rome et de la Grèce, tels que perches surmontées du bonnet phrygien, faisceaux de lances entourant la hache du licteur, cornes d'abondance, trépieds, etc. Sur ce théâtre se trouvait également une statue représentant la justice et tenant d'une main les tables de la loi et de l'autre une balance. Il disparut en 1803.

―――――

Avant la période républicaine, la dernière fête qui se donna à la place d'Armes fut celle du mois de mai 1793, quelques mois donc après la retraite momentanée des armées françaises. Elle eut lieu à l'occasion de la réception de l'archiduc Charles, gouverneur des Pays-Bas autrichiens. La description des fêtes, qui se donnèrent à cette occasion, occupe plusieurs pages du *Resolutie-Boek* de cette année.

Les quatre chefs-confréries, y lisons-nous, firent illuminer la place d'Armes au moyen de plus de 8,000 lanternes.

On y avait dressé quatre théâtres et deux corps de musique s'y faisaient entendre. Toute la place était entourée de berceaux illuminés qui, d'après le rédacteur du *Résolutie-Boek*, produisaient un effet à nul autre pareil.

Le 16 juillet 1803, lors du séjour à Gand de Bonaparte, alors premier consul, parmi les fêtes qui lui furent offertes nous devons mentionner tout particulièrement celle qui eut lieu à la place d'Armes. Elle se donna dans une tente, richement décorée, construite sur les plans de l'architecte Pisson, le fameux vandale qui essaya de changer à sa façon notre hôtel de ville gothique. Cette tente avait une longueur de 140 pieds, sur une largeur de 45; sa hauteur était de 30 pieds.

Autour de la place se trouvaient dressées des arcades, ornées de guirlandes de verdure et de fleurs et qui, le soir, furent brillamment illuminées.

La *Gazette van Gent* des mois de juin et juillet 1803 donne la description complète de cette fête, qui avait été organisée par la chambre de commerce de Gand, récemment rétablie.

Sous l'Empire, à part les revues des troupes de la garnison et de celles qui ne faisaient que traverser la ville, aucun fait digne d'être noté ne se passa sur la place d'Armes.

Il en fut de même sous le gouvernement du roi Guillaume. Ce ne fut que pendant les années qui suivirent la révolution de 1830, que le *Kouter* devint le théâtre de certains épisodes que nous avons mentionnés, en parlant des

sociétés, dont les locaux se trouvaient ou se trouvent encore
sur la place d'Armes, et spécialement de la *Concorde*.

———

Pendant la foire les échoppes des marchands étaient
placées dans le grand vestibule de l'hôtel-de-ville ; les
baraques des saltimbanques occupaient la plaine des Récollets. Quand en 1833 on commença les travaux préliminaires
à la construction du palais de justice, la place d'Armes
fut choisie pendant quelques années pour y placer les
baraques. Depuis 1842 la foire se tient entièrement sur la
plaine de St-Pierre.

———

Dans un almanach, intitulé *het vereerlyckt Vlaenderen*
of den vlaemschen hovenier et qui parut à Gand en 1816,
nous lisons que le marché aux fleurs de la place d'Armes
fut fondé en 1772.

———

Nous ne pouvons passer sous silence un genre de fêtes,
unique en son genre et dont la réussite n'est possible qu'à
Gand. Nous voulons parler des bals populaires qui consti-
tuent, pourrions-nous dire, une véritable institution locale.
Quand l'autorité communale supprima les fêtes de quartier,
dites kermesses de paroisse, pour les remplacer par une
grande kermesse annuelle fixée au mois de juillet, elle
décida de faire figurer au programme un bal populaire qui
se donnerait à la place d'Armes.

Le premier bal eut lieu en 1844 et fut honoré de la
présence du roi Léopold I. Tout le monde connaît ce que
sont les bals populaires ; il n'est pas un Gantois digne de ce

nom qui n'y ait assisté comme acteur ou comme spectateur. Nous n'avons donc pas à en faire la description pas plus que de l'illumination de la place. Une seule remarque cependant, mais tout en l'honneur de la population gantoise. C'est que ces fêtes de nuit, auxquelles assistent des milliers et des milliers de personnes, se passent toujours sans être troublées par la moindre querelle ou la moindre rixe. On ne peut en dire autant des kermesses de village : celles-ci ne se terminent jamais sans que nos « naïfs habitants des champs », tous fervents catholiques, ne se cassent quelques côtes ou ne s'administrent quelques bons coups de couteau.

———

Une autre innovation, mais d'un caractère différent, eut lieu quelques années plus tard. Le 19 juin 1853 on dressa pour la première fois au fond de la place d'Armes le grand théâtre du haut duquel, lors de la procession de la Fête-Dieu, l'évêque donne la bénédiction. Auparavant celle-ci se donnait sur les marches d'un modeste reposoir adossé contre le mur de la maison, située à côté de la *Concorde*. Nous ignorons si cette innovation a produit quelque changement dans l'efficacité de la bénédiction.

———

En temps de Carnaval, c'est à la place d'Armes que les gens masqués se livrent à leurs plus joyeux ébats. C'est là également que les cortèges, principalement ceux renfermant des allusions politiques, obtiennent le plus de succès.

Deux de ces cortèges méritent de fixer un moment notre attention, ce sont ceux de 1857 et de 1878.

.

En 1857, l'année de la discussion de la loi sur les couvents, le carnaval fut particulièrement animé à Gand. Les mandements pleuvaient dru sur l'Université. La société *littéraire*, les *Chœurs*, la *Concorde* et d'autres sociétés libérales de la ville étaient de leur côté signalées dans les feuilles bien pensantes et dans le confessionnal, comme des foyers de corruption et des antres de perdition. Aussi les journées de carnaval furent-elles mises à profit pour protester contre le régime de terreur que le clergé catholique voulait faire peser sur la ville de Gand.

Des chansons de circonstance furent distribuées à foison. Les titres de quelques-unes en expliquent le but et les tendances : *de karnaval te Gent in den jare onzes Heeren 1857* ; *'t zal wel gaan* ; *het einde der wereld* ; *'t plezier en 't verdriet van de Bulle* ; *een gelukkig landeken,* etc., etc. Voici pris au hasard, un couplet de ces chansons qui nous font involontairement songer à ces *Geuzenliederen* du XVIᵉ siècle, dans lesquelles nos pères protestaient contre l'inquisition de Rome et contre la domination espagnole :

> Neen Belgie is hier geen Belgie meer,
>   'T is eene succursale van Roomen.
> Men drukt en men bukt er den burger ter neer,
>   Die niet voor den mijter wilt schroomen.
>   De priester staat boven de wet;
> Hij is het die opricht of alles verplet,
>   De biechtstoel is 't machtigste wapen.
> En 't land, met kapellen en kloosters besmet,
>   Moet dansen op 't fluitjen der papen.

Des caricatures sur les hommes et les événements du jour étaient répandues par centaines. Des groupes nombreux représentant les uns l'inquisition, les autres des charges satiriques contre les mandements et les lettres pastorales ou des allusions à la loi sur les bourses d'études, circulaient sur le cours et s'arrêtaient de préférence à la place d'Armes où la foule les acclamait.

Ceci se passait au mois de février 1857. Les Chambres furent dissoutes au mois de novembre et le 10 décembre suivant le corps électoral renversa de leurs sièges les sept représentants catholiques de l'arrondissement de Gand.

Le carnaval de 1878 est encore trop rapproché de nous pour qu'il soit nécessaire de rappeler le cortège si original, organisé au profit de l'*Avenir*. Bornons-nous à mentionner le char représentant les écoles d'autrefois et celles d'aujourd'hui, *'t verleden en het tegenwoordig* ; le groupe d'électeurs ruraux conduits à l'urne par leurs curés, *naar de stembus;* le char figurant le jugement dernier ; une énorme voiture sur laquelle on parodiait la vente de l'eau miraculeuse de Slootendries, vente placée sous le haut patronage de l'évêque de Gand ; la description du miracle du ver solitaire, etc.

On pourra juger du succès qu'obtint ce cortège par le chiffre des recettes que firent les collecteurs de l'*Avenir* et qui s'éleva à la somme de 8,063 fr.

Les élections du mois de juin suivant donnèrent à l'opinion libérale une majorité, comme jamais depuis 1830 elle n'en avait obtenu en notre ville.

Les manifestations politiques dont la place d'Armes a été le théâtre ne se comptent plus. Nous n'avons que l'embarras du choix. Contentons-nous d'en signaler trois qui s'y sont passées pendant ces dernières années et qui empruntent leur importance aux circonstances au milieu desquelles elles se sont produites.

C'est d'abord la manifestation de la population gantoise contre le mandement épiscopal de 1878, dans lequel l'évêque de Gand lançait l'insulte et l'outrage aux enfants qui fréquentent nos écoles communales.

On se souvient que la réunion eut lieu au *Kouter*. Cette place, de dimensions si vastes, était trop petite pour contenir la foule qui avait répondu à l'appel du *Van Crombrugghe'sgenootschap*. Les manifestants, au nombre de plusieurs milliers ayant à leur tête MM. Rolin-Jaequemyns et J. Devigne, se rendirent à l'hôtel-de-ville où ils remirent à l'autorité communale une adresse de protestation contre l'attitude du clergé et de son chef dans la question scolaire.

Ce fut également à la place d'Armes que s'assemblèrent les sociétés et les voisinages de la ville quand, le 11 décembre 1881, ils se rendirent en corps chez le bourgmestre M. Ch. de Kerchove qui venait de se démettre de ses fonctions, après avoir été pendant près de 25 ans à la tête de l'administration communale gantoise.

*
* *

Que dire enfin de l'aspect que présente le *Kouter* les jours d'élections pour les Chambres législatives quand la foule, impatiente et animée, attend avec anxiété les résultats partiels des différents bureaux qui sont successivement

affichés aux fenêtres du local de l'Association libérale ?
Comment décrire la joie des milliers et des milliers de
personnes, qui se pressent sur la place quand le résultat
final assure le triomphe de la liste libérale ?

La description des scènes qui se passent alors sur le vieux
Kouter est chose impossible ; tout ce que nous pourrions
écrire à ce sujet resterait en dessous de la vérité. Il faut
avoir assisté à une de ces explosions d'émotion populaire
comme nous en avons vu en juin 1878, pour pouvoir se faire
une idée de l'aspect de notre place d'Armes dans de telles
circonstances.

Flandre libérale, 8, 9 et 10 Février 1886.

VII.

LES JÉSUITES A GAND.

Frais de fondation et de premier établissement. — Subsides et dons. — Démêlés avec l'évêque Triest. — Suppression et rétablissement.

A la suite du traité de la Pacification de 1576, la ville de Gand était devenue une véritable république protestante à la tête de laquelle se trouvaient placés les fameux Jean van Hembyze et François vande Kethulle. La magistrature communale était entièrement aux mains des Calvinistes, qui avaient transformé les anciennes églises en temples protestants.

Pour mettre les habitants à l'abri d'un coup de main de la part des soldats espagnols et wallons, on compléta le système de fortifications qui entouraient la ville et on démolit en partie la citadelle, élevée en 1540 par Charles-Quint. L'enseignement public fut réorganisé et reçut une grande extension. On alla jusqu'à fonder une sorte d'Université, qui fut établie dans le couvent des Dominicains. Ce couvent occupait toute la partie de la rue de la Vallée qui longe la Lys depuis l'église de Saint-Michel jusqu'à la rue et au pont des Dominicains. La belle église, qui s'étendait sur toute la longueur de la rue des Dominicains actuelle, a été, par un acte de vandalisme impardonnable, démolie en 1860. Les cours de l'Université se donnaient dans les bâtiments qui existent encore aujourd'hui et dont la façade a vue sur le le quai des Dominicains. M. le professeur Paul Fredericq, dans son *Étude sur l'enseignement public des Calvinistes à Gand,* nous donne l'historique complet et nous fait connaître les doctrines et les méthodes d'enseignement de cet établissement d'instruction supérieure. L'Université calviniste, entretenue aux frais de la ville, disparut avec le retour des catholiques en 1584.

L'épouvantable réaction, qui suivit la défaite du parti protestant dans la Flandre, livra la ville de Gand, pieds et poings liés, à la domination du clergé catholique. Ceux que le bûcher et la potence avaient épargnés, s'exilèrent et allèrent se fixer en Hollande, en Angleterre et en Allemagne. Les chroniqueurs contemporains — et parmi eux le père De Jonghe — estiment que sept mille familles, l'élite de la population, quittèrent ainsi la ville de Gand où plus de trois mille maisons étaient inoccupées et où les chevaux broutaient l'herbe qui croissait dans les rues principales, par exemple dans la rue de la Monnaie! C'est ce moment que choisirent les Jésuites pour venir se fixer définitivement à Gand.

La compagnie de Jésus, fondée en 1534 et reconnue le 27 septembre 1540 par le pape Paul III, avait, au bout de quelques années, acquis une puissance et une autorité considérables. Les Jésuites avaient déjà fait ici une première apparition en 1562. A la demande de l'abbé de Saint-Pierre, ils étaient alors venus prêcher une mission à Gand. Mais ce ne fut qu'en 1584 qu'ils firent une seconde apparition. Cette fois ils trouvaient le terrain admirablement préparé pour les recevoir.

A l'ancienne administration communale calviniste avaient succédé des échevins, tout à la dévotion du clergé catholique dont ils étaient les humbles créatures. Les échevins adressèrent suppliques sur suppliques au général des Jésuites pour le prier d'envoyer quelques-uns de ses pères s'établir à Gand. Ces religieux surent très adroitement tirer parti des circonstances pour se faire attribuer toutes sortes de faveurs : ils firent les dédaigneux et exploitèrent surtout l'insistance que les magistrats communaux de l'ancienne cité protestante mettaient à posséder un couvent de Jésuites. On peut se demander si le besoin s'en faisait si vivement sentir, alors que toutes les autres corporations religieuses s'étaient déjà hâtées de rentrer à Gand et de se remettre en possession des biens qui leur avaient appartenu avant l'interrègne calviniste (1577-1584).

———

Un ouvrage historique d'une réelle valeur, dû à la plume de notre archiviste communal, M. V. Vander Haeghen, *Inventaire des archives de la ville de Gand,* nous a fourni des renseignements précieux et dont beaucoup sont inédits. La première partie de cette publication est consacrée aux établissements religieux, parmi lesquels celui des Jésuites occupe la place la plus considérable. La livraison, ou plutôt le volume qui vient de paraître, renferme l'analyse de 151 chartes, registres et documents divers se rapportant ou ayant appartenu à cette corporation religieuse.

Immédiatement après le rétablissement du culte catholique à Gand, c'est-à-dire en 1584, les échevins invitèrent le général des Jésuites à envoyer quelques membres de son ordre à Gand. Pour que leur demande fût favorablement accueillie, ils adressèrent en même temps une requête au nonce du pape afin d'être autorisés à céder gratuitement aux Jésuites toutes les propriétés du couvent des Filles-Dieu.

La réponse des révérends pères se faisant attendre, les magistrats communaux envoyèrent le 4 mars 1586 une seconde supplique au général de l'ordre. Afin d'obtenir un accueil favorable, ils font savoir que les Jésuites recevront un temple, des jardins et une maison pour leur collège, plus une somme de 1000 florins outre les 1200 florins qu'on leur a déjà alloués.

Il est probable que les pères de la compagnie de Jésus firent encore la sourde oreille, car le 20 octobre 1586 une troisième et pressante supplique leur fut expédiée dans laquelle, outre les avantages déjà promis et accordés, les échevins s'engagent à fournir aux Jésuites les ressources nécessaires pour vivre convenablement. Enfin l'année suivante, en 1587, les Jésuites font savoir qu'ils sont disposés à établir un collège à Gand.

La bonne nouvelle est à peine connue que l'évêque de Gand, en exécution des lettres du nonce et sur les instances des échevins, autorise la donation au profit des Jésuites de tous les biens appartenant aux Filles-Dieu. Ce couvent, situé dans le quartier, nommé encore aujourd'hui *Filles-Dieushammeken,* servait de refuge aux filles repenties. Diericx, en racontant cet épisode religieux dans ses *Mémoires sur la ville de Gand,* s'exprime comme suit :

« Ils (les Jésuites) parvinrent à faire supprimer nos Filles

» de Dieu, afin de se mettre eux mêmes en possession de
» leurs biens; et voilà comme les grands poissons avalent
» les petits. »

Mais à l'époque de Diericx on ne connaissait pas encore
toute la vérité; on ne savait pas que c'étaient les bons échevins du temps qui avaient expressément demandé que les
biens des Filles-Dieu fussent cédés aux Jésuites. Le magistrat lui-même avait voulu pourvoir à la nourriture des
« grands poissons ». Mais l'appétit de ceux-ci n'était pas
encore complètement satisfait. Les négociations continuèrent de traîner en longueur et n'aboutirent que quatre
ans plus tard. Ce ne fut que le 14 mars 1592 que les Jésuites ouvrirent enfin ce collège tant désiré, après, toutefois,
que les échevins leur eussent assuré le maintien du subside
annuel de 1200 florins.

Les Jésuites, grâce aux dons qu'ils surent recueillir de
divers côtés, se rendirent acquéreurs de la somptueuse propriété de l'ancien tribun Jean van Hembyze, située rue des
Foulons. En 1591 ils prirent possession de ce beau local,
dans lequel est établie aujourd'hui l'école du génie civil.
La ville intervint dans le prix d'achat pour la somme de
2,600 florins. Cette propriété, déjà très étendue, ne leur
suffisait pas encore. En l'espace d'une vingtaine d'années ils
parvinrent à s'approprier vingt-deux maisons, situées dans
la rue courte du Marais, la rue longue du Marais et la rue
des Foulons. La plupart de ces propriétés étaient entourées
de jardins ou de vergers et furent toutes englobées dans le
couvent des Jésuites. Celui-ci occupait donc tout le vaste
bloc de terrain compris entre la rue des Foulons depuis la
rue de la Crapaudière, la rue courte du Marais et la rue

longue du Marais. Nous ne citerons que pour mémoire tous les autres biens, immeubles et rentes hypothécaires, qui étaient devenus par achat et surtout par donation, la propriété des Jésuites. L'énumération en serait trop longue; nous renvoyons le lecteur aux registres des transports et donations, déposés aux archives de l'État.

Cette fortune considérable, que les Jésuites avaient su acquérir en si peu de temps, ne les empêchait pas de tendre la main et de réclamer sans cesse des échevins de nouvelles faveurs.

Voyant qu'on n'osait rien leur refuser, les Jésuites augmentaient chaque fois leurs prétentions. En 1591, ils poussèrent l'audace jusqu'à réclamer de la ville la jouissance d'une fondation de 4,000 florins — ils se contenteraient au besoin de 3,000 florins —, l'achèvement du local habité par les révérends pères, l'exemption de tous impôts et charges, la dispense des logements militaires, l'achat par la ville du mobilier et des livres du collège et enfin la continuation de la rente de 1200 florins.

Ces exigences, cette fois-ci, dépassaient toutes les bornes permises. Aussi les échevins, en termes bien humbles et bien soumis d'ailleurs, font-ils connaître aux Jésuites que l'état des finances de la ville ne permet pas de faire droit aux vœux de la compagnie. Ils décident toutefois de continuer le paiement de la rente annuelle de 1200 florins.

L'année suivante, il leur est octroyé un subside de 200 livres de gros par an. En 1605 la ville fixe à 6000 livres tournois (environ 11,000 fr. de notre monnaie) sa part d'intervention dans la construction de l'église des Jésuites.

en 1607 ils reçoivent 50 florins par semaine, toujours pour la construction de l'église. En 1608 autre subside de cent livres de gros !

Un nouveau et lamentable cri de détresse est jeté le 1 août 1609 par le père Franciscus Clerontinus, provincial pour les Pays-Bas, qui fait savoir à l'autorité échevinale que le collège des Jésuites ne pourra continuer de subsister si la ville ne consent à intervenir par une fondation ou un subside annuel. L'état des finances ne s'étant pas amélioré, bien au contraire, les échevins répondent que la caisse communale ne peut fournir ni aide, ni subside. Tant d'ingratitude dut affliger profondément le cœur des bons pères. Leurs plaintes et leurs doléances parvinrent aux oreilles des archiducs Albert et Isabelle qui, pour consoler les pauvres Jésuites, envoyèrent le 10 septembre 1609 aux échevins une missive officielle dont le ton était loin d'être aimable.

La missive fit son effet, car les échevins, après avoir consulté la collace, décidèrent d'établir au profit des Jésuites un octroi de 6 deniers parisis sur chaque sac de grain dur, 4 deniers sur chaque sac de grain mou et 4 deniers sur chaque « lot de vin ». Cinq ans plus tard, c'est-à-dire en 1615, nouvelles faveurs consistant dans le droit de percevoir 4 deniers sur chaque pot de bière *(stoop)*, consommé dans les cabarets. Cet impôt, très productif, fut qualifié par le peuple du nom de *Patersrecht*.

Ce système de mendicité permanente dura jusqu'à la fin du XVIIᵉ siècle. Des difficultés surgirent à cette époque entre les Jésuites et les échevins, qui refusèrent de combler plus longtemps de faveurs un ordre religieux dont la fortune était si considérable. « *De voornoemde societeyt* » *wesende seer opulent...* », disent-ils.

Les échevins soutenaient que les impôts, établis sur la bière et le vin au profit des Jésuites, et le subside annuel de 1200 florins étaient un simple acte de générosité de la part de la ville d'où ne pouvait résulter aucun droit au profit de la compagnie de Jésus. Mais celle-ci, à laquelle on n'osait rien refuser en haut lieu, s'adressa au roi d'Espagne, notre souverain d'alors, qui, par une déclaration du 3 novembre 1672, annula la décision de l'autorité communale de Gand.

Pendant le cours des débats, les échevins adressèrent au roi deux mémoires faisant valoir les motifs de droit et de fait sur lesquels ils se fondaient pour refuser de venir plus longtemps en aide à la corporation des Jésuites. Ils se plaignaient d'abord des gaspillages, auxquels ceux-ci s'étaient livrés en élevant les constructions pour lesquelles on leur a alloué tant de subsides, « *sulcke pompeuse ende* » *costelycke wercken.* » La collace n'avait autorisé les impôts sur la bière et le vin que pour bâtir une école ordinaire, *eene ordinaire schole.* Au lieu de cela ils ont élevé toute une série de bâtiments énumérés dans la requête de la façon suivante : « *vier sodaliteyten, twee* » *bibliotheken, twee galeryen, een spreekhuys, ses* » *scholen, zeven camerkens ten dienste van de meesters...* » *op costelijke vauten.* » Il y ont dépensé cinq fois plus que ne l'aurait fait un bon père de famille.

Les échevins ne se font pas faute de manifester, en termes énergiques, leur étonnement de l'instance que mettent les Jésuites à vouloir dépouiller une ville, déjà si éprouvée par la guerre et les maladies et dont beaucoup d'habitants ont à peine de quoi subvenir à leur existence. « *Daer » integhendeel,* » disent-ils, « *de negotie en de ncyrynghe » binne de selve stadt soo cleene is datter bij duysenden » sijn die met hunne familie niet connen subsisteren » nochte met vrauwe ende kinderen den cost winnen.* » Quant aux nobles et bourgeois, ajoutent-ils, ils ne tirent presque plus rien de leurs propriétés.

Le second mémoire des échevins est tout aussi sévère dans ses appréciations sur l'avidité des disciples d'Ignace de Loyola, auxquels un peu plus de patience et d'humilité ne messiéraient pas en présence des nombreux bienfaits dont ils ont été gratifiés. « *Paters die soo veel bene- » ficien van ons ende onse voorsaeten, niet sonder overlast » van 't arm ghemeente, ghenoten hebbende hun wel » behoorden wat te patienteren in dese benaude tijden...* »

Les « bons pères » avaient également fait valoir que le retrait des faveurs budgétaires, les mettrait dans l'impossibilité de donner l'instruction à des étudiants pauvres. Les échevins répondent qu'il n'y a là rien à regretter, bien au contraire. Il vaut mieux, selon eux, que le nombre de cette espèce d'étudiants diminue, car ceux-ci une fois entrés dans les ordres deviennent des prêtres d'une conduite scandaleuse, *schandaleuse pries-ters,* qui n'ont de religieux que l'habit dont ils sont revêtus, « *die niet anders gheestelijck en hebben als hun » habijt.* »

Combien ce langage si viril et si énergique diffère de l'humble soumission avec laquelle les échevins cléricaux de la fin du XVIe et du commencement du XVIIe siècle, s'inclinaient devant les réclamations des membres de la Compagnie de Jésus.

Nous venons de voir que rien n'y fit et qu'une décision royale du 3 novembre 1672 obligea l'autorité communale gantoise à accéder à toutes les demandes des Jésuites.

A l'appui des faits, avancés par eux dans ces deux mémoires, les échevins avaient fait dresser par les fonctionnaires de l'hôtel-de-ville un état de toutes les sommes que les Jésuites avaient puisées dans la caisse communale depuis 1588 jusqu'en 1671. Cet état détaillé malgré d'inévitables lacunes établissait que ceux-ci avaient, pendant cette période d'environ quatre-vingts ans, reçu de la ville de Gand la somme totale de 120,135 livres de gros, soit en notre monnaie et en calculant la livre à raison de fr. 10-88, au-delà de UN MILLION TROIS CENT MILLE FRANCS. Cette somme est colossale quand on tient compte de la valeur relative de l'argent à cette époque.

Dans cet état, dressé par les échevins de 1672, nous relevons des chapitres de dépenses de toutes sortes, depuis les subsides accordés pour l'achat de propriétés et l'entretien des bâtiments jusqu'aux sommes dépensées pour la construction d'un théâtre lors de la distribution des prix et jusqu'aux factures des pièces de vin, formant la bibliothèque souterraine des révérends pères.

En 1683 nouvelles difficultés entre les Jésuites et les échevins qui refusent de se laisser exploiter plus longtemps. L'affaire est portée par les Jésuites devant le conseil de Flandre dont deux membres, J. B. d'Haene et Jacques Félix De Coninck, sont délégués pour instruire le procès. Dans un mémoire, présenté le 31 mai 1683, les échevins manifestent leur étonnement au sujet de l'ingratitude des demandeurs qui ne craignent pas de molester la ville dont ils ont reçu environ UN MILLION DE FLORINS, faisant en notre monnaie près de DEUX MILLIONS DE FRANCS.

Voici comment ils s'expriment :

« *Segghen hun niet ghenouch te connen verwonderen*
» *van het jeghenwordich betreck, inghestelt bij de dona-*
. » *tarissen van menichvuldighe immense giften, tzamen*
» *bedraghende tot omtrent een millioen guldenen, door*
» *eene onverdrachelycke ondanckbaerheyt waermede*
» *sylieden het arm ghemeynte deser stede, zich uytgheput*
» *hebbende in liberaliteyten voor d'heeschers collegie, niet*
» *en behoorden te recompenseren...* »

Dans une autre réplique, en parlant des sommes que les Jésuites réclament de la ville de Gand, les échevins écrivent avec non moins d'indignation : « ... *immense*
» *somme van omtrent 4200 pont die den heescherc*
» *het arme ghemeynte deser stede, naer rechte gherepu-*
.» *teert eene weese ende consisterende in soo menichvul-*
» *dighe arme miserabele persoenen, poecht uyt te persen*
» *in dese arme conjuncture van tyde...* »

On le voit, les magistrats communaux de 1683 sont loin d'être tendres pour les Jésuites. Ils ne ménagent pas leurs expressions, car le terme *uytpersen* (pressurer, extorquer) se rencontre plusieurs fois sous leur plume. Dans une duplique du 8 juillet 1683, entre autres, ils disent encore une fois : « *4,200 pond. gr. die den eysschere het aerm*
» *ghemeente deser stede gheerne saude uytpersen.* »

Ce procès, croyons-nous, se termina par une transaction.

Depuis 1683 les dons extraordinaires ont complètement

disparu. Les Jésuites ne reçoivent plus qu'un subside annuel de 200 livres pour l'école latine et de 36 livres pour les distributions de prix, soit ensemble 236 livres de gros ou 2,567 fr. de notre monnaie, ce qui pour cette époque constitue encore un joli denier. Ce subside leur fut continué jusqu'à la disparition de l'ordre des Jésuites, supprimé le 21 juillet 1773 par un décret du pape Clément XIV.

Toutes les propriétés, meubles et immeubles, de l'ordre supprimé furent attribués au gouvernement des Pays-Bas autrichiens. Celui-ci institua le collège royal dans une partie des bâtiments; le conseil de Flandre occupa une autre partie. Quant à l'église, Joseph II y établit en 1784 les chanoines de Ste-Pharaïlde. Après la suppression du chapitre de Ste-Pharaïlde en 1798, l'église et la tour furent vendues et démolies. La chapelle de la Sodalité, rue courte du Marais, fut occupée à la fin du siècle dernier et au commencement de celui-ci par une loge maçonnique que nous croyons être la *Constante Union*, qui avait pour vénérable le f.·. de Meulenaere d'Overwaeter, ou *La grande Loge de St-Jean* dont le vénérable était le f.·. Joseph Dellafaille d'Assenede.

Enfin sous le gouvernement néerlandais, on établit l'Université dans les anciens locaux du couvent des Jésuites. A côté des auditoires fut construit ce qu'on nomme encore aujourd'hui le palais de l'Université avec son entrée monumentale donnant dans la rue des Foulons. La première pierre en fut posée le 4 août 1819.

———

En nous occupant des Jésuites et de ce qu'ils ont coûté à la ville de Gand, nous ne pouvons passer sous silence le conflit qui éclata entre eux et les curés de paroisse au sujet de l'enseignement du catéchisme.

Jusqu'en 1643 les leçons de catéchisme avaient été données aux enfants des écoles par des Jésuites, qui de ce chef
— faut-il le dire? — recevaient une allocation annuelle sur
la caisse communale. Cet enseignement se donnait dans les
églises. Un beau matin les curés, soutenus par l'évêque de
Gand, Antoine Triest, remercièrent les Jésuites et leur
firent savoir qu'eux-mêmes donneraient désormais l'enseignement religieux. Ce conflit, qui dura pendant plusieurs
années, se trouve décrit avec toutes ses péripéties dans
l'étude si intéressante de M. Maurice Heins sur les écoles
à Gand. Nous renvoyons aussi à deux articles de M. Adolphe
Dubois, le savant jurisconsulte gantois, parus dans la Belgique judiciaire, années 1861 et 1869.

Une profonde rivalité existait également entre les Jésuites et les Augustins. Ces derniers avaient, en 1609, créé
un collège dont les succès, tant sous le rapport de l'excellence de l'enseignement que sous celui du nombre des 'élèves, menaçaient de surpasser ceux du collège des Jésuites.

Il n'entre pas dans notre cadre de décrire les péripéties
de ces luttes, tantôt sourdes et déguisées, tantôt ouvertes
et publiques, qui ne cessèrent qu'avec la suppression de la
société de Jésus en 1773. Evêque, Jésuites, Augustins et
curés s'invectivaient et s'injuriaient avec cette haine, *odium
sacerdotale*, et ce choix d'expressions qui n'appartiennent
qu'aux gens d'église. Nous croyons cependant intéressant
de reproduire quelques passages du mémoire publié en 1644
pour la défense des droits de l'évêque Triest et des curés
contre les prétentions des Jésuites. Ce mémoire intitulé :
*advertissements ou remarques pour la juste défense du
révérendissime évêque et des pasteurs de la ville de Gand,*
est adressé au conseil privé du roi.

En parlant des difficultés que soulève partout le séjour des Jésuites, le mémoire épiscopal dit : « Ils troublent » partout plusieurs diocèses comme on l'a vu naguères à » Furnes contre le révérend abbé de Saint-Nicolas, à Gra- » velines contre les Récollets, à Ath contre les mêmes, à » Menin contre les Capucins, à Ypres contre l'évêque et » en plusieurs autres lieux qui fument encore des troubles » qu'ils y ont allumés. »

L'évêque dit aussi qu'ils sont adroits à implorer « le bras » *fémino-séculier* pour donations et aumônes en faveur de » la compagnie ».

L'auteur du mémoire reproche encore aux Jésuites et à leurs partisans d'aller « parmi les rues, dans les boutiques » publiques, même dans les cloîtres de nonnettes, décriant, » noircissant le révérend évêque et ses pasteurs. »

Les Jésuites avaient reproché aux curés de négliger leurs devoirs par amour pour la bonne chère, « plutôt adonnés » à chercher les bonnes tables de leurs paroissiens que le » salut des âmes ». Le mémoire prend la défense des curés en disant que s'ils assistent à des banquets ce n'est pas « pour » s'engraisser », mais pour y faire le bien.

Les disciples de Loyola ne ménagaient pas, de leur côté, les évêques qui ne pliaient pas aveuglément devant eux. Dans un livre, paru à Anvers en 1640, les Jésuites quali- fient les prélats de dogues et de vieux chiens auxquels il faut montrer les dents quand ils s'avisent d'aboyer : « *dat* » *het tijd was* (y lisons-nous) *zijn tanden te toonen* » *als dusdanige dogghen en oude honden begonsten te* » *bassen.* »

Nous terminerons l'examen de ce mémoire par la citation d'un passage dans lequel l'évêque Triest, en quelques lignes, trace de main de maître le portrait de ses adversaires. C'est une description que l'auteur des *Provinciales* n'aurait pas désavouée.

« Voyez, s'il vous plait, la conséquence : la jeunnesse,
» nourrie en leur catéchisme à l'exclusion des pasteurs,
» suivra leurs confessionnaux et seront comme paroissiens
» de leur église auditeurs de leurs prédications, amis de
» leurs amis, ennemis de leurs ennemis. Passez plus avant;
» du gouvernement de votre âme ils deviendront gouver-
» neurs de votre famille et de vos moyens et il n'y aura
» plus angle de votre maison qu'ils n'épieront soit par vos
» serviteurs et vos servantes. Bref, ils feront enfin leurs
» églises les universelles mères spirituelles du monde et il
» faudra que les évêques et les curés ne soient rien afin
» qu'eux soient tout. »

On ne pourrait décrire, en meilleurs termes et plus exactement, le rôle joué de tous temps par les membres de la célèbre compagnie.

Ce mémoire, qui fut imprimé à Gand en un volume de 131 pages, existe en original aux archives communales. Il est l'œuvre du chanoine Ooms, dont le manuscrit est rempli de corrections faites de la main de l'évêque lui-même. Les exemplaires imprimés, que la Compaguie a fait détruire partout où elle a pu les rencontrer, sont presque introuvables. On ne connaît que celui de la bibliothèque royale de Bruxelles et celui que possèdent nos archives communales.

L'évêque gantois Triest protesta également près de la faculté de théologie de Louvain contre les doctrines enseignées par les Jésuites. Ces doctrines, résumées en 26 propositions dans lesquelles les révérends pères, au moyen de restrictions mentales et de subtilités casuistiques parvenaient à excuser les plus grands crimes et à donner l'absotion aux coupables, furent condamnées par les théologiens de Louvain comme « fausses, pernicieuses, abominables, » impies, exécrables et injurieuses aux sacrements. »

La protestation de l'évêque est du 9 avril 1657. La sentence de condamnation fut rendue par l'Université de Louvain moins d'un mois après, c'est-à-dire le 4 mai 1657.

Toutes ces pièces, rédigées en latin, furent traduites en français et figurent sous le titre « Lettre de M. l'évesque » de Gand à la faculté de théologie de Louvain » dans une édition des Provinciales de Pascal, imprimée à Cologne en 1659 chez l'éditeur Nicolas Schoute.

Si l'espace ne nous faisait défaut, nous voudrions mettre sous les yeux de nos lecteurs la lettre tout entière de l'évêque de Gand. Bornons-nous à donner une seule citation qui suffira à montrer dans quel esprit était conçue la protestation envoyée aux théologiens de Louvain :

« Il semble qu'il n'y ait plus que les simples et les idiots » qui commettent des mensonges, des tromperies, des par- » jures, des calomnies, des homicides, des usures, des lar- » cins, des simonies et tous les autres crimes que la nature » même a en horreur. Car ceux qui sont plus subtils et plus » pénétrants sçavent couvrir ces vices de tant de circon- » stances, de suppositions, de subtilitez, de palliations, de » déguisements et par leurs artifices et leur malice, les » transformer en quelque manière en des vertus qu'ils » n'imposeraient pas seulement aux hommes, mais à Dieu » mesme s'ils le pouvaient faire. »

Les Jésuites, après une disparition de 40 ans, furent rétablis le 14 août 1814 par le Pape Pie VII, non moins infaillible que Clément XIV qui les avait supprimés

« à tout jamais ». Mais le gouvernement du roi Guillaume ne leur permit pas d'établir leurs couvents dans les Pays-Bas, où ils ne purent séjourner que comme simples particuliers et sans porter le costume de leur ordre.

La révolution de 1830 leur ouvrit toutes larges les portes de la Belgique. Ils se hâtèrent de rentrer dans le pays où, grâce à leur enseignement, ils formèrent les générations d'électeurs auxquels nous devons le bienheureux gouvernement qui nous régit en ce moment.

———

La ville de Gand eut le bonheur de les voir s'installer dès 1833 dans l'ancien couvent de Oost-Eecloo, dont les bâtiments s'étendent le long du quai au Bois. Ils y construisirent une nouvelle église qui fut inaugurée le 13 janvier 1844. Ils occupèrent également le petit Séminaire, situé rue Savaen où ils bâtirent une église, consacrée à Sainte-Barbe. C'est là qu'est établi leur collège, qu'ils agrandissent continuellement et qui s'étendra bientôt jusqu'à la rue du Pont-Madou.

On voit que si les Jésuites n'ont plus, comme au XVIᵉ et au XVIIᵉ siècle, le droit de puiser à pleines mains dans les caisses publiques, les ressources ne leur manquent pas cependant. Le temps n'est peut-être pas éloigné où les largesses officielles leur seront de nouveau généreusement octroyées. Un petit bout de loi, qui permette d'adopter et de subsidier les établissements privés d'enseignement moyen — comme c'est déjà fait pour les écoles des « chers frères » et des « bonnes sœurs » — rendra aux collèges des Jésuites les faveurs dont ils jouissaient si plantureusement autrefois.

Nos gouvernants seraient coupables de la plus noire et de la plus impardonnable ingratitude s'ils ne rendaient pas ce légers ervice à l'ordre, qui a contribué si puissamment à faire de la Belgique le boulevard du cléricalisme en Europe.

Flandre libérale, 28 Mars 1887.

VIII.

QUELQUES PARTICULARITÉS SUR L'EXERCICE DE L'INDUSTRIE PAR LES ORDRES RELIGIEUX A GAND AU XVIIe ET AU XVIIIe SIÈCLE.

Nous nous sommes occupés dernièrement de l'arrivée et de l'établissement des Jésuites à Gand, de leurs démêlés avec l'évêque Triest et des sommes énormes qu'ils ont, pendant près de deux siècles, puisées dans la caisse communale.

L'étude des faits et gestes des autres ordres religieux, d'après les documents conservés aux archives communales, n'est pas moins intéressante. On voit, notamment, que les Capucins et les Carmes déchaux occupaient les loisirs que leur laissaient la contemplation et la prière à fabriquer du drap.

Les Jésuites et les Augustins se disputaient l'éducation de la jeunesse, pour le plus grand bien de la population. Les autres ordres religieux se livraient à l'exercice de l'industrie, pour faire concurrence aux fabriques privées de notre Flandre, dont la prospérité n'était que trop grande, sans doute.

Le tout, naturellement, à la plus grande gloire de Dieu. A. M. D. G.

Les capucins gantois avaient, au XVIIe siècle, une fabrique de drap tout à fait bien montée. L'on sait que ces religieux occupaient une vaste propriété située vers l'extrémité de la rue Digue de Brabant, autour du temple protestant actuel. Il y avait à cet endroit une branche de l'ancien Escaut ou plutôt un ancien fossé extérieur de la ville, nommé jadis *Schepenenvivere,* qui reliait l'ancien Escaut, aujourd'hui presqu'entièrement voûté, au Bas Escaut près du quai aux Vaches,

C'est sur ce cours d'eau, barré par une écluse, que l'on établit en 1620 un moulin à foulon à l'usage des drapiers de la ville de Gand.

Mais, comme les capucins qui bordaient la rivière fabriquaient eux-mêmes du drap, il fut entendu que les drapiers, pour pouvoir disposer, à titre de servitude, des eaux du cours d'eau pour le rinçage de leurs pièces, fouleraient gratis 16 pièces de drap et 4 pièces de couvertures de lit, venant de la fabrique pieuse.

Or, vers 1674, comme la situation menaçait de changer par l'opposition des drapiers à vouloir encore fouler gratis les pièces de drap fabriquées par les capucins, ceux-ci s'adressèrent au gouverneur général pour obtenir que cette obligation fut maintenue en leur faveur.

Dans leur requête les capucins déclarent qu'ils « fabri-
» quent tous les draps nécessaires pour les habits de leur
» religion en cette province. »

Le gouvernement, qui ne pouvait rien refuser à des capucins, imposa à titre perpétuel et jusqu'à nouvel ordre aux locataires du moulin, l'obligation de remplir « leurs devoirs » vis-à-vis des religieux.

Peu d'années après il y eut une nouvelle difficulté, cette fois avec la ville. Une relocation du moulin à foulon avait

eu lieu en 1679 pour 30 ans. En 1686, les échevins préten-
dirent que cette location devait être annulée parce qu'elle
n'avait pas été faite publiquement. Les locataires firent
aussitôt un procès à la ville et les capucins se joignirent
à eux.

Dans l'un des documents produits par ces religieux on
lit qu'ils fabriquaient également des chandelles de cire.
Voici d'ailleurs la traduction de ce passage intéressant :
« Il faut noter que les capucins intervenant, prenant à
» cœur le bien-être de la commune, tant au spirituel qu'au
» temporel, ont toujours pris soin de restreindre autant que
» possible, vis-à-vis d'elle, leurs demandes d'aumônes. Et que
» dans ce but, ils ont trouvé bien d'employer une partie de
» leurs religieux au travail manuel, en dehors des heures
» consacrées à la dévotion qui est si expressément recom-
» mandée par les Saint-Pères ; notamment à la fabrication
» des chandelles de cire à l'usage de l'église, à la culture du
» jardin pour la cuisine et principalement au tissage de draps
» et de serges servant aux habits et aux couvertures de lit
» des religieux. Qu'ils ont, à cette fin, élevé de temps immé-
» morial un tissage dans leur couvent au profit de toute la
» Province. »

Nous ignorons quelle fut l'issue de ce procès, mais il
est certain que les capucins ont continué à exercer leur
industrie au même titre que les carmes déchaux dont nous
allons parler.

Cette concurrence, faite par les ordres religieux à
l'industrie privée, n'est point, helas, propre au bon vieux
temps seulement.

Nous savons encore, cela date d'hier, combien de fois
il a été question, au cours des dépositions produites devant
la commission d'enquête sur le travail, de la concurrence

que les couvents, et aussi les prisons, faisaient aux particuliers.

Les mêmes plaintes se produisaient déjà à Gand au commencement du XVIIIe siècle, avec cette différence toutefois que l'autorité communale prit immédiatement des mesures radicales pour mettre un terme à ce qu'alors, comme aujourd'hui, on nommait déjà un abus. Les moyens employés étaient énergiques et tels que, de nos jours, les lois et les mœurs ne permettraient plus d'y avoir recours.

Comme nous l'avons dit, aux capucins qui fabriquaient du drap s'étaient joints les carmes déchaux et les récollets. Et ces religieux ne se contentaient pas, ainsi qu'ils l'insinuaient, de travailler uniquement pour leur ordre. Les produits de leur industrie se répandaient dans le public, au grand dam des gens de métiers qu'ils frustraient de leur gagne-pain.

En 1718 les ouvriers, employés chez les tisserands de laine, *wolleweversknechten*, n'y tenant plus, adressèrent aux échevins une requête pour exposer la malheureuse situation dans laquelle ils se trouvaient par suite du déclin de leur industrie.

Ils indiquaient plusieurs remèdes à ce triste état de choses, et demandaient notamment qu'il fût défendu aux couvents et surtout à celui des Carmes déchaussés, de fabriquer et de vendre des objets de laine. Pour que cette défense soit efficace, ordre devrait être donné aux couvents d'enlever le matériel et les métiers dont ils se servent.

La requête, en ce qui concerne les couvents, est conçue comme suit :

« ...Omdat in verscheyde cloosters binnen dese stadt, namentlyck
» het gone van de eerw. Paters Discalsen ghedooght wort het fabriquie-

„ ren van wollegoederen, oock met soo groote abundantie, dat sij die
„ overlaeten ende vercoopen aen andere cloosters ende particuliere
„ persoonen die voor desen plachten ghedient te sijn van supplianten
„ meesters, supposten van de neerynghe van het voorseyde wolleweven
„ binnen dese stadt. „

Les tisserands concluaient en réclamant :

« ...Dat men in voorseyde clooster sal doen cesseren het maecken
„ van wolle goederen ende tot dies doen weiren den alm ende ghetauwen
„ daervan de selve cloosters voorsien syn „

M. V. Vanderhaeghen signale cette requête dans son
inventaire des archives. Nous avons recherché quel en fut
le résultat et nous l'avons trouvé dans le registre AAA
aux résolutions des échevins (folio 86).

Les autorités n'attendirent pas longtemps pour statuer.
Dès le 27 septembre de la même année 1718, les échevins
rendirent une ordonnance admettant complètement les
réclamations des « *wolleweversknechten* » et défendant
aux couvents la fabrication et la vente des objets de laine.

Voici comment débute cette ordonnance :

« Heer ende Weth der stadt Ghendt gheinformeert synde door menich-
„ vuldighe clachten aen hun ghedaen dat in sommighe cloosters
„ binnen dese stadt, naementlijck het gone van de eerweerde Paters
„ Discalsen worden ghefabriqueert, overghelaeten ende vercocht aen
„ andere cloosters ende particuliere persoonen, wollen goederen ende
„ laekenen tot gheheelen onderganck, bederf ende ruine van alle de
„ supposten der neerynghe van de wollewevers ende hun werckvolck,
„ midtsgaeders lakensnyders ende wynckeliers in diergelijcke goederen
„ verteer doende, ende daerby moeten subsisteren, hebben om daer in
„ te voorsien ende ghemelde neerynghe te conserveren gheordonneert
„ ende ghestatueert soo gheordonneert ende ghestatueert wort by desen
„ het naervolgende :

Suivent les mesures prises par l'autorité communale

pour empêcher la concurrence du travail dans les couvents :

1° Défense absolue, sous peine de confiscation et d'une amende de cent florins, d'acheter ou de recevoir des objets de drap ou de laine, fabriqués dans les couvents.

2° Les couvents ne seront autorisés à fabriquer que les objets dont ils ont besoin pour leur propre usage.

3° A cet effet les foulons et les directeurs des moulins de la ville, appelés *volmeulens*, ne pourront fouler que six cuves (*baeken*) pour les capucins, six pour les récollets et trois pour les carmes déchaussés. En cas de contravention ils seront condamnés à une amende de cinquante florins. De plus les foulons seront privés du droit d'exercer leur profession et les directeurs des *volmeulens* seront destitués.

4° Enfin défense est signifiée aux couvents de faire fouler (*doen vollen*) la laine dans des établissements situés hors du territoire de la ville. La contravention à cet article, inséré pour éviter la fraude et faciliter la surveillance, était punie d'une amende de cent florins et de la confiscation de la marchandise saisie. Les gardes placées aux portes de la ville devaient veiller à la stricte observation de cette défense.

Les mesures, prises par l'autorité communale, étaient énergiques et coupèrent court en une fois à l'abus dont on se plaignait. Elles empêchèrent les couvents de continuer, au grand détriment des particuliers, à exercer une industrie dont les bénéfices se soldaient tous les ans en beaux deniers comptants.

Mais les *wolleweversknechten* dans leur requête ne se plaignent pas seulement du préjudice que leur cause le travail effectué dans les couvents, ils se plaignent aussi de

celui que l'on effectue dans la prison, et dont tout le béné-
fice est attribué au directeur.

« .... *doordien,* » disent-ils, « *in het tuchthuys deser stadt*
» *gepermitteert wort het fabriqueren van wolle goederen*
» *ende dat an den directeur van het selve tuchthuys alleen,*
» *ter exclusie van andere meesters wollewevers binnen*
» *dese stadt voor dewelke sy supplianten altyt ghevrocht*
» *hebben, is toegelaeten al het proffyct.* »

Les requérants se plaignent de cet état de choses, si pré-
judiciable pour eux. Ils demandent que le directeur ne
puisse fabriquer que quatre cuves ou bacs par an. Que dans
tous les cas, les établissements publics de la ville soient
obligés de se fournir chez les membres de la corporation
des tisserands de laine. Voici comment ils s'expriment à cet
égard :

« *Ende dat het wolleweven immers anden ghemelden*
» *directeur worde bepaelt ofte gelimiteert dat hij maer en*
» *sal moghen maecken tot vier baeken wolle laeckenen*
» *'t sjaers, ende dat an de andere supposten van de*
» *voorzeyde neyringhe voor de welcke sy supplianten*
» *werken en daermede zy met hun familie subsisteren*
» *moeten, zal aanbesteet worden de leverynghe van de*
» *wolle goederen op de voorseyde arme camer, weezen-*
» *huys, arme schoolen ende andere ghemeente binnen*
» *deze stadt.* »

La prison, *tuchthuys,* dont il est ici question, ne dépen-
dait pas de la ville. Les échevins de la ville ne pouvaient
donc statuer sur les réclamations des *wolleweversknechten,*
dont ils envoyèrent la requête à Bruxelles. Nous ne savons
quelle suite y fut donnée. La résolution des échevins du 27
septembre 1718 ne fait pas mention de la décision prise à
cet égard par l'autorité supérieure.

Il n'en est pas moins constant que le travail dans les prisons continua de faire la concurrence à l'industrie jusqu'à nos jours, et que le comte Jean-Ph. Vilain XIIII écrivait, vers 1770, un ouvrage développé sur la meilleure réglementation du travail, comme réformation morale des malfaiteurs dans les prisons.

Flandre libérale, 22 Mars 1887.

IX

FERDINAND DE LOBKOWITZ, ÉVÊQUE DE GAND.

Le siège épiscopal de Gand, créé en 1560 à la suite d'un accord intervenu entre le pape et Philippe II, a été occupé par une série de prélats dont les tombes de marbre garnissent le chœur et les chapelles de la cathédrale de Saint-Bavon. Une place d'honneur parmi les évêques de ce siège revient sans nul doute à Ferdinand de Lobkowitz, dont le nom est resté légendaire à Gand.

———

Le 17 novembre 1779 une séance extraordinaire et spéciale du magistrat de Gand, échevins de la keure et échevins des parchons, se tenait à l'hôtel de ville. Il s'agissait de décider de quelle façon il serait répondu à l'invitation que le collège allait recevoir pour assister en corps à l'entrée et à l'installation du nouvel évêque de Gand, Ferdinand, prince de Lobkowitz.

Lors de l'installation de l'évêque précèdent, Gerard van Eersel (10 août 1772), des difficultés s'étaient présentées au sujet de la place que le collège devait occuper dans l'église. Le conseil de Flandre, appelé à juger le différend, n'avait pas encore tranché la question. Les échevins firent savoir au chapitre de Saint-Bavon qu'ils assisteraient à la cérémonie, mais sous la condition expresse que leurs sièges seraient placés dans le chœur de l'église à l'endroit que le collège, d'après les règles sur les préséances, devait occuper. Après deux jours de négociations, il fut fait droit à la demande des échevins. Ceux-ci ajoutèrent que si, à leur entrée à l'église, le moindre changement se trouvait apporté à la disposition des sièges, réservés aux autorités communales, ils se retireraient immédiatement.

Tous les incidents de ces négociations se trouvent relatés au long et au large dans le *Resolutie-Boek* de 1779. La lecture de ces procès-verbaux nous montre qu'à cette époque, comme aujourd'hui, les autorités civiles ne pouvaient s'entourer de trop de précautions quand il s'agissait de traiter avec les gens d'église.

Voici d'après quel cérémonial se fit l'entrée solennelle du nouvel évêque qui, avec une humilité et une modestie toutes chrétiennes, s'intitule lui-même : Ferdinand Marie, prince de Lobkowitz et du Saint-Empire romain, des ducs de Sagan et de Raudnitz, des comtes de Sternstein, etc., etc., seigneur de Saint-Bavon, comte de Mendoncq, Everghem, Sprendoncq, etc., etc.

L'entrée eut lieu par la porte d'Anvers parce que le prince de Lobkowitz, depuis son départ de Namur où il avait été également évêque, s'était rendu au château épiscopal de Loochristy qu'il habitait depuis quelques jours.

Le jour de l'installation, c'est-à-dire le 22 novembre 1779, les échevins des deux bancs, revêtus de leurs robes, *gekleet met tabaerden*, quittèrent l'hôtel de ville à deux heures de l'après-midi pour se rendre à l'église de Saint-

Jacques, où l'évêque devait s'arrêter d'abord avant d'aller à
la cathédrale. Ils étaient escortés par les hallebardiers, les
sergents et les messagers de la ville ; en tête marchait le
roi des ribauds, *de koning van de Morkinderen,* tenant sur
l'épaule sa masse surmontée de la pucelle de Gand et du
lion de Flandre.

Derrière le collège venaient les membres des quatre
Hoofd-Gilden de Saint-Georges, Saint-Sébastien, Saint-
Antoine et Saint-Michel, en uniforme et couverts de leurs
insignes.

Depuis la porte d'Anvers jusqu'à l'église de Saint-Jacques
et de là jusqu'à la cathédrale de Saint-Bavon, des troupes
d'infanterie formaient la haie dans les rues par où le cortège devait passer : rue d'Anvers, Steendam, marché du
Vendredi, rue longue de la Monnaie, marché aux Grains,
rue des Champs, rue du Soleil, Kouter, place de la Calandre
et rue de la Croix. Comme tous les cortèges organisés à
Gand, celui de l'évêque prit le chemin le plus long, *den
grooten toer.* Sur le marché du Vendredi, sur le marché
aux Grains et sur le Kouter se trouvaient rangés des esca-
drons de dragons. Un groupe d'une quarantaine de cavaliers,
revêtus de costumes de fantaisie, *gecleed in hussaeren en
andere kleederen,* qui avaient escorté l'évêque depuis
Loochristy, prirent également place sur le marché du
Vendredi.

A l'entrée de la ville, le conseiller pensionnaire de la
prévôté de Saint-Bavon, J. J. Blommaert, adressa le compliment de bienvenue au nouveau prélat. Après avoir
écouté ce discours, l'évêque remonta dans sa voiture, traî-
née par six chevaux caparaçonnés et qu'entouraient sa
livrée et ses heiduques richement costumés, « *vergezeld door*
» *zijne Livrey-Bedienden en Hayduken, die op het alder-*

» *kostelijkste uitgedost waren,* » comme le dit la *Gazette van Gent.* Derrière l'équipage de l'évêque suivait une file de voitures, dans lesquelles avaient pris place les abbés de Tronchiennes, de Saint-Pierre et de Baudeloo et d'autres dignitaires civils et ecclésiastiques. En tête marchait un détachement du régiment d'infanterie de Clerfayt.

Dans l'église de Saint-Jacques, le prince de Lobkowitz revêtit les insignes de sa dignité épiscopale; après quoi il fut complimenté, au nom du magistrat de Gand, par le pensionnaire des échevins de la Keure, Corthaels. Cette première partie de la cérémonie terminée, le cortège quitta l'église aux sons de la musique des timbaliers et des trompettes de la ville et se rendit à la cathédrale de Saint-Bavon dans l'ordre suivant : d'abord le détachement du régiment de Clerfayt que suivaient les ordres religieux ; venaient ensuite le clergé des différentes paroisses de la ville, les chanoines du chapitre de Saint-Bavon et de celui de Sainte-Pharaïlde ; les abbés de Tronchiennes, de Baudeloo et de Saint-Pierre précédaient immédiatement la voiture de l'évêque qu'entouraient ses valets et ses officiers. Derrière celui-ci marchaient les échevins, ayant à leur tête les timbaliers et les trompettes et escortés comme nous l'avons vu plus haut. Enfin venaient les quatre chefs-confréries. Le cortège était fermé par un détachement de troupes.

Au marché aux Grains des difficultés s'élevèrent entre les officiers de l'escorte de l'évêque et les membres de la confrérie de Saint Georges, qui sortirent du cortège et rentrèrent dans leur local, *en hun begeven hebben naer hunne caemer* dit le *Resolutie-Boek.*

A la cathédrale on procéda à la cérémonie de l'installation du nouveau prélat, cérémonie assez fastidieuse et passablement longue. Tous les détails en sont minutieusement relatés dans le *Resolutie-Boek* de novembre 1779. Elle consistait en prières, entrées et sorties des officiants, baise-mains, lecture de la bulle papale instituant le prince de Lobkowitz évêque de Gand, allocutions diverses, félicitations, octroi d'indulgences, bénédictions, collectes, habillement et déshabillement du nouvel évêque et des abbés de Tronchiennes, Baudeloo et Saint-Pierre.

L'installation terminée, les chanoines de Saint-Bavon reconduisirent l'évêque au palais épiscopal où un splendide banquet fut offert à toutes les autorités civiles, militaires et religieuses de la ville. L'évêque habitait à cette époque l'hôtel du gouvernement provincial actuel. Le soir il y eut une illumination et des feux d'artifice furent tirés dans divers quartiers. Les capucins, dont le couvent occupait l'emplacement où se trouvent aujourd'hui le temple protestant de la rue digue de Brabant et les maisons environnantes se distinguèrent entre tous par la richesse de leur illumination.

Selon l'usage du temps une foule de pièces de circonstance en flamand, en latin et en français célébrèrent, en prose et en vers, les vertus et les mérites de celui qui venait de s'asseoir sur le siège épiscopal du diocèse de Gand et qui était encore un inconnu pour tout le monde.

———

Quoique la mémoire de l'évêque Lobkowitz soit surtout restée célèbre à Gand par ses aventures galantes et par sa déconfiture financière, on ne peut cependant passer sous silence la guerre implacable qu'il fit aux réformes civiles et religieuses de l'empereur Joseph II. Il joua à l'égard de ce prince le même rôle que l'évêque Maurice de Broglie joua trente ans plus tard à l'égard du roi Guillaume des Pays-

Bas. Même esprit de révolte et d'insubordination, mêmes encouragements adressés aux catholiques pour les engager à désobéir aux lois du pays.

L'opposition du prince de Lobkowitz se fit surtout jour lorsque parut le 21 novembre 1781 le fameux édit de Joseph II, connu sous le nom d'édit de tolérance, par lequel l'empereur proclamait le libre exercice des cultes et l'admission des protestants aux emplois publics. Dès le 9 décembre suivant, l'évêque adressa des remontrances « respectueuses » à l'empereur. Il fait clairement entendre à son souverain que des représailles sont à craindre, que les populations catholiques ne souffriront pas au milieu d'elles la présence de protestants et qu'elles n'obéiront pas à des fonctionnaires et à des magistrats n'appartenant pas à la religion catholique.

« Rien n'est ici exagéré, » dit l'évêque, « la haine contre
» les protestants est innée aux Flamands, on l'observe
» dès leur enfance. Cette aversion augmentera quand ils
» apprendront que ces mêmes protestants déjà si haïs
» peuvent occuper des emplois civils, peuvent être de la
» magistrature, du conseil où on doit rendre justice : quelle
» idée se feront-ils d'un corps composé de gens qu'ils
» détestent dans leur cœur? Quelle vénération, quelle
» soumission auront-ils pour ces corps? »

Toute la pièce est dans le même style.

Pendant toute cette période, c'est-à-dire jusqu'à la chute de Joseph II en 1790, remontrances et mandements se succédèrent sans intervalle : tantôt contre la suppression des couvents, tantôt contre l'établissement du séminaire général, tantôt contre le dénombrement des biens du clergé.

C'est assez dire que quand éclata la révolution brabançonne, l'évêque Lobkowitz se jeta en plein dans le mouvement et prit ouvertement parti contre Joseph II.

Dans son mandement du 24 décembre 1789, Lobkowitz se réjouit des échecs infligés aux armées de Joseph II et passe en revue tous les bienfaits que les populations recueilleront de l'heureuse issue de la révolution qui vient de s'accomplir. « C'est ce qui nous a engagés, mes chers » frères, » dit-il, « à élever notre voix pastorale et à vous » donner les éclaircissements nécessaires, tant à l'égard de » l'origine de notre entreprise, qu'à l'égard de ses heureux » succès. »

Ces succès consistaient, est-il nécessaire de le dire ? dans le rétablissement des couvents et dans la restitution au clergé catholique de tous les privilèges et immunités dont il avait joui jusque là et que l'empereur avait eu l'audace de lui enlever.

Ceux de nos lecteurs, qui désireraient faire plus ample connaissance avec le prince de Lobkowitz, considéré comme évêque militant et comme homme politique, pourront satisfaire leur curiosité en consultant le tome IV (*Episcopatus Gandavensis*) du *Synodicon Belgicum*. Ils y trouveront tout ce que pendant l'espace d'une dizaine d'années, Lobkowitz a écrit contre les réformes sociales et religieuses introduites par Joseph II.

Ce qui n'empêcha pas, il y a quelque temps, le *Journal de Bruxelles,* désireux de jeter le prince de Lobkowitz par-dessus bord, d'écrire que « cet évêque était un prélat » selon le cœur de Joseph II ».

———

On a souvent reproché à l'évêque de Gand, Ferdinand de Lobkowitz, son amour désordonné pour le luxe et ses faiblesses envers le sexe aimable. Ces reproches sont fondés. Toutefois si Monseigneur se permettait de temps en temps quelques légers écarts et aimait, d'après ce qu'on rapporte, à voltiger de la brune à la blonde, ces péchés mignons furent amplement compensés par la constance dont il fit preuve dans ses relations avec celle qui fut, pendant de longues années, la compagne inséparable et la favorite en titre de sa Grandeur.

Un manuscrit de Gilbert Beeckman, membre de la cour féodale, nous raconte la visite que l'évêque de Gand, accompagné de la dame de ses pensées, fit à la Gilde de Saint-Lucas de Termonde pour remercier les membres de celle-ci de l'avoir escorté lors de son entrée dans cette ville, le 3 juillet 1780.

Nous copions textuellement :

« ... *De Bisschop sijnde geaccompagneert van eene*
» *groote compagnie van heeren ende damen, alwaer hy*
» *sig wel plaiserende verbleven is omtrent vyf kwartier*
» *uers, versoeckende de compagnie ondertusschen hun*
   te amuseren met te dansen, waerop aenstonds de musi-
   cale instrumenten gereet synde, het bal geopent is door
   d'heer van de Vyvere, hooftman van de selve Gilde met
   Mad° van der Saeren van Gendt, WESENDE DE FAVORIETE
» VAN SEYNE HOOGHEYT. »

On voit que Monseigneur n'entourait pas ses amours de beaucoup de mystère. Le manuscrit de Gilbert Beeckman ne nous dit pas si l'évêque de Gand se livra lui-même aux plaisirs chorégraphiques. Il nous apprend seulement que le bal fut ouvert par le chef-homme de la confrérie de Saint-Lucas et par la favorite de son Éminence « *de favoriete van syne Hoogheyt* » qui l'avait accompagné à Termonde.

Trois ans après, le 17 mai 1783, le prince de Lobkowitz fit une seconde visite à Termonde, toujours accompagné de madame vander Saeren. Voici ce que nous lisons à ce sujet dans le même manuscrit : « *Den 17 Mey 1783 is* » *alhier gearriveert den prinse Lobkowitz, bisschop van* » *Gent, geaccompagneert in eene separate koetse met* » *Mad. vander Saeren syne favoriete en syn gaen* » *logeren in het bisdom* ».

Le lendemain et les trois jours suivants, sa Grandeur fit des tournées épiscopales dans les environs de Termonde aux fins de procéder à la confirmation. Mais le manuscrit nous apprend que le galant prélat revenait tous les soirs souper et coucher à l'évêché « *telkens 's avonds is comen* » *souperen en logeren in het bisdom.* »

Il faut avouer que ce spectacle était des plus édifiants et de nature à donner aux habitants de Termonde une curieuse idée des mœurs de leur premier pasteur.

Les amours de l'évêque de Gand inspirèrent, il y a une cinquantaine d'annécs la verve poétique d'un ancien journaliste qui lui consacra les vers suivants :

> Du joyeux Lobkowitz on sait les gentillesses,
> Les passe-temps gaillards et les tendres faiblesses;
> Vert sous ses cheveux gris, l'anacréon mitré,
> De bedeaux moins souvent que d'amours entouré,
> Craignait beaucoup la gêne et fort peu le scandale,
> Les myrtes enlaçaient sa crosse épiscopale.
> . . . .
> . . . .
> Hélas, tout doit passer : il mourut, Dieu sait comme,
> Contrit ou non, qu'importe ! il mourut le saint homme,
> Sa mort laissant en proie à d'éternels regrets,
> Plus d'une veuve en deuil qu'il n'épousa jamais.

La politique et les plaisirs n'absorbaient cependant pas

les instants de Lobkowitz au point de lui faire oublier les soins spirituels qu'il devait au troupeau de fidèles brebis, dont la garde lui était confiée. Dans ses mandements et dans ses allocutions, il les rappelle à leurs devoirs de catholiques et les prémunit contre les dangers de toutes sortes dont ils sont entourés. Il les engage également à éviter les réjouissances profanes et les mauvaises sociétés, à bien observer les préceptes de la religion catholique, en un mot à se conduire en toute circonstance en véritables enfants soumis de l'Église.

Ses efforts pour éloigner de ses ouailles les occasions de tomber dans le péché allaient même si loin que, par une missive du 4 janvier 1790, il s'adressa aux échevins de la ville de Gand pour les prier de défendre les réjouissances du carnaval et de fermer le théâtre pendant le carême. Voici quelques passages de cette lettre :

« En effet qu'y a-t-il de plus affreux que de voir profaner » le premier dimanche du carême par des bals publics et » des mascarades? Abus détestable introduit seulement » dans cette ville depuis quelques années! Quoi de plus » contraire à l'esprit de pénitence, dont on doit être animé » pendant ce saint temps? J'en dis autant de la comédie, » que je voudrais voir bannir au moins pendant le » carême.... » Les mots de « désordres criminels », « jours de libertinage », « excès coupables » abondent dans cette pièce, qui est un véritable modèle du genre.

Lors d'une visite que l'évêque fit à Somergem pour assister à l'installation d'un nouveau curé, on représenta devant lui une pièce de circonstance, tellement curieuse que nous croyons devoir en donner quelques extraits. Elle est intitulée : *Divertissement lyrique dédié à son altesse Monseigneur le prince Ferdinand de Lobkowitz, évêque de Gand, par son très-humble serviteur F. I. Saey, curé de Somerghem, en reconnaissance des bienfaits de son altesse le 25 août 1788.*

Les paroles par l'abbé Ghiot, aumônier honoraire de son altesse. La musique par P. Verheyen, compositeur ordinaire de son altesse.

C'est une pastorale avec évocation de génies musicaux, ronde villageoise et chœur final en l'honneur de Monseigneur. Ce divertissement, écrit en français parce que l'évêque de Gand ne connaissait pas un traître mot de la langue parlée par ses ouailles, fut probablement exécuté par les artistes, les choristes et l'orchestre de la troupe de Mᵐᵉ de Narelle et de Durand, qui exploitaient à cette époque le théâtre de Saint-Sébastien de Gand. La pièce fut jouée en présence de l'évêque, des chanoines et des autres dignitaires de l'église qui avaient accompagné son Éminence à Somergem.

Voici d'abord un certain Rouck, artiste de l'orchestre de Gand, qui annonce aux autres musiciens que le curé Saey fait son entrée et que celle-ci sera honorée de la présence de Monseigneur. Il débute en ces termes quelque peu égrillards et d'un goût plus que douteux :

> Rouck est le nom de mon père,
> Ainsi me l'a dit ma mère.
> Je professe la musique,
> Je suis sot et lunatique,
> Je cours, je danse et je ris,
> Je bois, je souffle et je vis,
> Quelquefois je n'y vois goutte,
> Et plus souvent en déroute
> De l'église au cabaret

Et surtout au cabinet.
Mais Monseigneur par adresse
M'y surprit avec ma maîtresse.
Etc., etc.,

Ce Rouck exécute ensuite un solo pour violon qui est accueilli par un chœur de villageois chantant :

O Dieu ! quelle affreuse musique.
Monsieur, épargnez les boïaux.
Fi ! ça nous donne la colique.
Deux liards est trop pour des tons faux.

Apparaît alors un devin qui adresse une évocation aux génies de la musique dans les termes suivants :

Génies enharmoniques,
Chromatiques, antiques,
Modernes, mélodiques,
Français, asiatiques,
Allemands, italiques,
Huguenots, catholiques,
Chimériques,
Colériques,
Despotiques,
Élastiques,
Électriques,
Emphatiques,
Et comiques,
Énergiques,
Heroïques,
Faméliques,
Flegmatiques,
Satiriques,
Fanatiques,
Je veux un concert mystique
Symbolique, spécifique,
Que tout l'empire infernal
Soit prêt au premier signal.

Viennent après un concert de génies, une ronde villageoise, des pastorales et le final ; le tout aussi distingué de style et de pensée que les passages que nous venons de citer. Et cependant ces inepties et ces grossièretés qui, de nos jours, seraient impitoyablement sifflées dans le moindre café-concert, recevaient à cette époque les applaudissements d'nn public composé presque en entier de membres du clergé : évêque, chanoines, curés, abbés, moines, etc.

Le prince de Lobkowitz se distinguait par son adresse à l'escrime. C'était une fine lame et un des confrères les plus assidus de la *Gilde* des escrimeurs de Saint-Michel. On raconte que pour montrer la supériorité de l'école italienne, dont il était partisan, sur l'école française enseignée par le maître d'armes de la confrérie gantoise, il proposa à celui-ci de vider le différend dans un assaut avec des fleurets démouchetés.

Il fallut l'intervention du serment pour empêcher le fougueux prélat de donner suite à son projet.

Les goûts dispendieux, les besoins de luxe et les prodigalités de l'évêque firent des brèches si profondes dans la caisse épiscopale que celle-ci finit par être complètement à sec et que les créanciers de Monseigneur durent recourir aux voies judiciaires pour sauvegarder leurs droits. Disons tout d'abord que le prince de Lobkowitz était parvenu à établir une telle confusion entre ses ressources personnelles, celles de l'évêché et celles de ce qu'on nommait le fonds de religion, qu'il fut impossible au procureur le plus retors et le plus madré de voir clair dans cet imbroglio financier.

Pour donner une idée de la fortune de l'évêché de Gand

à la fin du siècle dernier, il suffit de citer deux actes de l'impératrice Marie-Thérèse. L'un du 13 décembre 1771, par lequel « Sa Majesté l'impératrice, imformée des revenus » considérables de l'évêché de Gand » décide que sur ces revenus on prendra annuellement 3000 florins en faveur de l'évêché de Ruremonde dont les ressources sont très-modiques. Dans le même acte l'impératrice se réserve sur les biens de l'évêché une somme annuelle de 5000 florins « pour être employée par elle à des œuvres pies et » méritoires ».

Par l'autre décret, qui est du 24 juin 1779, l'impératrice « réserve sur les biens et revenus de l'évêché de Gand une » rente perpétuelle de 3700 florins pour augmenter la dota- » tion du chapitre de Sainte-Pharaïlde ».

Les biens de l'évêché de Gand devaient être considérables pour pouvoir être grevés de rentes perpétuelles, s'élevant ensemble au chiffre de 11,700 florins somme très élevée pour cette époque. Ces ressources si importantes n'empê-chèrent pas la barque épiscopale de sombrer et de s'en-gloutir dans le gouffre du déficit.

Le nombre des créanciers de l'évêque de Gand s'élevait à la bagatelle de 169 — nous disons cent soixante-neuf — parmi lesquels les marchands de vins occupent une place des plus respectables. Cette liste, renfermant les noms des créanciers ainsi que la cause et le chiffre de la dette, est très curieuse et très intéressante à parcourrir. On y voit figurer des apothicaires, des bouchers, des bijoutiers, des charpentiers, des tailleurs, des marchands de vins, — en nombre considérable, avons-nous dit —, des sculp-teurs, des boulangers, des négociants en soieries, des tapissiers, des carrossiers, des peintres, des maçons, des cochers de louage, des marchands de victuailles etc. etc.;

sans compter les porteurs d'obligations, signées par le prince de Lobkowitz du chef de capitaux empruntés.

Dans sa requête, en date du 30 octobre 1791, aux fins d'obtenir un sursis de paiement, l'évêque en déconfiture évalue son actif à la somme de 401,880 florins. Dans cet actif figurent les provisions de bouche, les meubles et les bijoux pour une somme de 223,530 florins! Cet actif était loin de suffire. Après plusieurs propositions de sursis, restées sans résultat par suite de l'opposition du chapitre de Saint-Bavon et du conseil de Flandre, l'évêque parvint à faire accepter par ses créanciers un arrangement que nous soumettons à l'attention de tous les mauvais payeurs, désireux de se procurer une douce aisance sans être inquiétés par qui que ce soit. Cet arrangement, le voici :

L'évêque fit abandon de tous ses biens, meubles, immeubles, rentes, redevances etc. etc. à condition qu'on lui payât une pension annuelle de vingt-cinq mille florins qu'il s'engageait — quelle charité et quelle bonté d'âme! — à ne pas dépasser. Cet arrangement fut accepté par ses créanciers.

A toute époque les gens d'église ont eu le bras long pour poursuivre et atteindre ceux qui osaient leur résister. Rien d'étonnant donc à ce que les malheureux créanciers de l'évêque de Gand, non seulement se soient laissé dépouiller par leur auguste débiteur, mais aient encore consenti à lui servir une pension annuelle pour subvenir à ses prodigalités. Cette pension d'ailleurs, malgré son chiffre élevé, fut loin de pouvoir lui suffire; car quelque temps après nous voyons Lobkowitz contracter de nouvelles dettes et emprunter de l'argent sur des bijoux qu'il donnait en gage.

L'invasion de notre pays par les troupes françaises força

Lobkowitz à quitter son diocèse et à se retirer à Munster en Westphalie où il mourut le 29 janvier 1795 d'une attaque d'apoplexie. La liquidation de sa succession en Belgique donna lieu à des procès qui durèrent plusieurs années, car un jugement du tribunal de Gand, rendu le 20 juin 1808, condamna le sieur Boquillon ancien administrateur de l'évêché, à rendre compte devant le juge Pulincx aux créanciers de feu le prince de Lobkowitz. Ce compte fut-il rendu? nous avons lieu d'en douter, car nous n'en avons trouvé nulle trace dans les registres du greffe du tribunal de Gand. Détail charmant : parmi les parties au procès de 1808 nous voyons figurer M. Charles Apers, curateur à la mortuaire de celle qui fut *de favoriete van syne Hoogheyt*, comme le dit Beeckman. Cette dame crut donc de son devoir d'imiter l'exemple de son seigneur et maître et de laisser une succession plus ou moins embarrassée.

Nous ne pouvons mieux terminer cette notice qu'en reproduisant l'oraison funèbre, consacrée par le poète journaliste dont nous avons déjà cité des vers plus haut à la mémoire d'un prélat qui a laissé dans son diocèse des souvenirs d'une nature si variée :

> Tes créanciers, émus de tout perdre avec toi,
> Suivirent, en pleurant, ton funèbre convoi,
> Et dans le caveau noir, où repose ta cendre,
> Voyant et ta dépouille et tes billets descendre,
> S'écrièrent, leurs fronts sur la terre abattus :
> Grand Dieu ! qui nous rendra notre or et ses vertus !
> Bercé par le plaisir, tourmenté par l'envie,
> Il mourut donc, laissant l'exemple de sa vie
> Pleine de doux défauts, trop féconde en amours,
> Et des dettes, hélas ! qui subsistent toujours.

Flandre libérale, 16 Novembre 1885.

X.

ENTRÉE A GAND DE L'ARCHIDUC CHARLES-LOUIS D'AUTRICHE, LE 13 MAI 1793.

A leur avènement au pouvoir nos anciens souverains avaient l'habitude de faire une entrée solennelle, qu'on nommait joyeuse entrée, et de jurer à cette occasion l'observation des lois et le maintien des privilèges du pays, à la tête duquel ils venaient d'être placés. C'est ce que faisaient les anciens comtes de Flandres et c'est ce que firent après eux les ducs de Bourgogne, les rois d'Espagne et les empereurs d'Autriche. Ces derniers, soit par eux-mêmes soit par un fondé de pouvoirs, venaient prêter serment à Gand en leur qualité de comtes de Flandre.

Inutile d'ajouter que ces entrées se faisaient avec beaucoup d'apparat et de cérémonie et étaient en outre accompagnées de fêtes, qui se prolongeaient parfois pendant plusieurs jours.

La dernière entrée solennelle de ce genre qui eut lieu à Gand fut celle de l'archiduc Charles-Louis, gouverneur-général des Pays-Bas méridionaux, au nom de l'empereur d'Autriche, François II. Cette entrée, ou plutôt cette réinstallation, qui se faisait au milieu d'évènements

politiques tout à fait particuliers, eut lieu avec le cérémonial accoutumé. Ce cérémonial, qui reflète d'une manière
parfaite les mœurs de nos pères, avait en outre un
caractère d'originalité si particulier qu'il nous a semblé
intéressant d'en donner la description.

D'un autre côté l'entrée de l'archiduc Charles-Louis, le
13 mai 1793, clôtura à Gand la série des solennités de
l'espèce sous l'ancien régime. A ce titre encore la description de celle-ci nous a paru devoir faire l'objet d'une
notice spéciale.

Mais jetons d'abord un coup d'œil en arrière. A la suite
de la bataille du 6 novembre 1792, gagnée à Jemmapes sur
les Autrichiens par le général français Dumouriez, les
troupes républicaines étaient entrées à Gand, le 12 novembre suivant, sous le commandement du géhéral Labour-
donnaye. Leur premier séjour dans les Pays-Bas ne fut que
de très courte durée. Le 18 mars 1793, le général
autrichien Clairfayt défit à son tour à Neerwinden, en
Hesbaye, l'armée française qui était encore sous le
commandement de Dumouriez. Par suite de cet échec
militaire, les Français se retirèrent de notre pays qui
retourna sous l'administration de la maison d'Autriche
et l'archiduc Charles-Louis fut nommé par l'empereur
François II gouverneur-général des Pays-Bas autrichiens.

Le 5 mai 1793, le secrétaire d'État Müller communiquait aux échevins de la Keure une missive, annonçant
que l'archiduc d'Autriche Charles-Louis, accompagné du
ministre plénipotentiaire von Metternich, se proposait

de venir visiter la ville de Gand. Les échevins des deux bancs, Keure et Parchons, se réunirent immédiatement afin de délibérer sur les mesures à prendre en vue d'un évènement aussi important pour la cité. On décida de suivre le même cérémonial que celui observé pour l'inauguration et l'installation des souverains en qualité de comtes de Flandre.

Des avis, sous forme d'ordonnances, lus à tous les coins de rue par les crieurs publics, annoncèrent aux habitants de Gand que l'entrée de l'archiduc aurait lieu le 13 mai. Ces avis faisaient connaître l'itinéraire que le cortège devait suivre. L'autorité communale invitait également ses administrés, demeurant sur le parcours du cortège, à bien vouloir décorer les rues et orner les façades de leurs maisons.

Le 13 mai 1793, à 10 heures du matin, les échevins, revêtus de leurs longues robes *(met de tabaerden,* dit le *Resolutieboek)* se réunirent à l'hôtel-de-ville avec les pensionnaires et les secrétaires de la commune, pour se rendre en corps et en carrosse à la porte de l'Empereur, *Keizerpoort,* par où l'archiduc devait faire son entrée. Ces magistrats étaient, selon l'usage, escortés par les membres des quatre chefs-confréries de Saint-Georges, Saint-Sébastien, Saint-Antoine et Saint-Michel et précédés par les trompettes et les timbaliers de la ville. A leur arrivée toutes les personnes, devant faire partie du cortège, se trouvaient postées hors la porte et à l'extrémité de la rue de l'Empereur.

Aux siècles derniers, — et il en est resté de même aujourd'hui — il était d'usage qu'un cortège ou une cavalcade prenait toujours le chemin le plus long pour se rendre à son lieu de destination. En cette circonstance encore l'on continua de se conformer à la sage tradition; voici les rues qu'on traversa pour se rendre d'abord à la cathédrale de Saint-Bavon et de là à l'abbaye de Saint-Pierre :

Porte et rue de l'Empereur, rue longue des Violettes, rue digue de Brabant, rue de Brabant, *Kouter*, rue du Soleil, rue des Champs, marché aux Grains, marché aux Légumes, rue longue de la Monnaie, marché du Vendredi, rue Royale, Sablon, rue Haut-Port, *Paradeplaats* (marché au Beurre) et rue Saint-Jean. De l'église de Saint-Bavon le cortège s'achemina vers l'abbaye de Saint-Pierre par la rue de la Croix, la place de la Calandre, la rue aux Vaches, la rue courte du Jour et la rue Neuve Saint-Pierre.

L'archiduc Charles-Louis arriva à Gand vers midi dans une carrosse attelé de six chevaux et qu'escortait un détachement de dragons. Près de la porte de l'Empereur il fut complimenté par les conseilleurs-pensionnaires Rohaert et de Jonghe, qui lui offrirent en même temps les clefs de la ville. Ces clefs, qui servaient dans toutes les circonstances analogues, font partie aujourd'hui de la riche collection d'objets, intéressant l'histoire de la ville de Gand, déposés au Musée archéologique.

Voici maintenant un épisode très original de cette entrée solennelle, *plechtige Intrede*, d'un lieutenant du souverain et qui peint d'une manière saisissante les mœurs de cette époque. Quand l'archiduc eut répondu aux compliments de bienvenue des autorités communales, on vit s'approcher un magnifique char de triomphe, *Praelwagen*, traîné par huit chevaux et sur lequel se trouvait une jeune gantoise de grande famille, Mlle Pauline de Ghellinck, représentant la déesse de la Paix. Celle-ci se tenait debout, appuyée sur un lion couché à ses pieds et figurant la Flandre ; de l'autre côté se trouvait un aigle figurant l'Autriche. Elle tenait à la main un caducée et une branche d'olivier. L'inscription *fœdere juncti perpetuo* expliquait la double allégorie.

Le char, couvert de drap d'or, était orné de festons et de fleurs, « *zeer pragtiglyk bekleet met goud laecken* » *ende verciert met menigvuldige kransen van alderleye* » *konstig gemaekte bloemen.* » Le siège, où se tenait la déesse de la Paix était, dit le *Resolutieboek,* entouré de cornes d'abondance, *hoorns van overvloed.*

La déesse descendit de son char, alla au devant du nouveau gouverneur et lui adressa un discours rempli d'allusions à la paix et au retour de la maison d'Autriche. Ce discours, publié en flamand et en français chez l'imprimeur gantois Ch. de Goesin, *in de Veldstraete,* débute comme suit :

« Illustre rejeton de l'Auguste Maison d'Autriche ! » recevez l'hommage d'un cœur franc et loyal. Je suis la » Paix, l'aimable Paix, la Flandre va devenir désormais mon » séjour. Voyez-vous comme l'Aigle, à ma droite, déploye » ses ailes puissantes pour la protéger ? Considérez à ma » gauche le fidèle Lion ; l'Aigle va en même temps renou- » veller avec lui son antique alliance.... »

La harangue terminée, l'archiduc Charles, au lieu de rentrer dans son carrosse, monta à son tour sur le char de triomphe où il s'assit à côté de la déesse de la Paix. Entretemps on avait détaché les chevaux du char, auquel s'attelèrent les membres de la corporation des francs-compagnons-bateliers, tous revêtus de culottes et de vestes blanches. C'est sur le *Praelwagen*, traîné de cette façon, que l'archiduc traversa les rues de la ville.

Voici comment était composé le cortège :

En tête chevauchaient le maître des postes Busso et ses dix postillons sonnant du cor, que suivaient immédiatement le major de la ville avec les trompettes et les timbaliers. Venaient ensuite : les *Kraenkinders* également habillés en blanc et portant des guirlandes de feuilles de vigne ; la corporation des bateliers avec leur trois-mâts allégorique et la chambre de Rhétorique *de Fonteinisten*. Un peloton de la cavalerie des quatre chefs-confréries fermait cette première partie du cortège. Disons en passant que la cavalerie et l'infanterie des chefs-confréries étaient des corps de volontaires, institués en 1789 pour maintenir l'ordre pendant les troubles de la révolution brabançonne. Ces corps, qui avaient conservé leur uniforme, étaient heureux de pouvoir l'endosser le plus souvent possible et de parader ainsi dans les circonstances officielles. L'uniforme de la cavalerie consistait en un habit vert, gilet blanc et culottes jaunes ; comme coiffure le tricorne avec plume noire. Celui de l'infanterie variait pour les membres de chaque confrérie.

La seconde partie du cortège était ouverte par la corporation des marchands de poissons et par celle des bouchers, tous à cheval et revêtus, les premiers d'un uniforme bleu et les seconds d'un uniforme rouge. Derrière eux venait le char de triomphe, traîné comme nous l'avons dit plus haut et entouré de cent hommes, porteurs de flambeaux allumés, faisant partie de la confrérie des escrimeurs de Saint-Michel. On sait que c'est un privilège, dont jouissait cette confrérie, d'escorter de cette façon les souverains quand ils faisaient leur entrée en ville. Le *Praelwagen* était suivi par les magistrats communaux de Gand accompagnés, d'après l'usage, par les membres des quatre chefs-confréries avec leurs bannières, et couverts de leurs insignes et de leurs décorations. Le cortège était fermé par un détachement d'infanterie et un peloton de cavalerie, fournis également par les confréries. Suivaient immédiatement une longue file de carrosses dans lesquels se trouvaient les personnes de distinction de la ville et de la province.

C'est au bruit des salves d'artillerie et au son de toutes les cloches de la ville que le cortège arriva dans cet ordre à la cathédrale de Saint-Bavon. L'archiduc d'Autriche descendit de son char de triomphe pour recevoir les compliments d'usage de l'évêque et pour assister au *Te Deum*. Celui-ci terminé, Charles-Louis remonta sur le *Praelwagen* et le cortège se remit en marche pour se rendre à l'abbaye de Saint-Pierre où, comme toujours, des appartements était réservés à l'archiduc et à sa suite.

Arrivés au pont nommé *Walpoortbrug* (pont Madou), au delà duquel commençait la juridiction des abbés de Saint-Pierre, les échevins de la ville de Gand et les confréries se retirèrent pour faire place aux magistrats de l'Abbaye. Ceux-ci adressèrent le compliment de bienvenue à l'archiduc qui allait être leur hôte pendant un jour.

Après avoir assisté à un banquet de quarante couverts et s'être montré à la réception ou redoute chez le comte de

Muray, l'archiduc se rendit en carrosse au Marché du Vendredi où, du haut d'un balcon, il assista au tir de ce qu'on nommait *den Viervogel*. C'était une pièce d'artifice, qui servait de cible pour les membres des quatre chefs-confréries et qui éclatait quand la flèche de l'arbalète la touchait à l'endroit désigné. Au milieu du marché du Vendredi et sur l'emplacement qu'avait occupée la colonne surmontée de la statue de Charles-Quint, abattue au mois de novembre précédent par les soldats français, on avait placé l'Aigle impérial autrichien.

Le tir terminé, le duc alla faire une promenade en ville pour admirer les splendeurs de l'illumination. La tour du Beffroi était couverte de milliers et de milliers de lampions au milieu desquels se détachaient des transparents allégoriques flamboyants. Quant à la place d'Armes, comme nous l'avons déjà dit dans une autre notice, elle était éclairée par plus de huit mille lanternes de couleur. La place était en outre entourée d'une double rangée de berceaux éclairés ; à chaque extrémité on avait élevé un théâtre sur lequel un orchestre faisait entendre des airs variés.

Plusieurs arcs de triomphe, qui furent tous illuminés le soir, étaient dressés sur divers points de la ville. Le plus beau était celui que les directeurs de l'académie de dessin et de peinture avaient fait élever à leurs frais au marché aux Grains en face de leur local qui était à cette époque le *Pakhuys*. Une brochure flamande de ce temps, intitulée : *Beschrijving der Zege-Teekenen van 't stads Pakhuys*, nous donne la description de cet arc de triomphe qui paraît avoir été une construction artistique remarquable.

Sa promenade terminée, son altesse se rendit à minuit au théâtre de Saint-Sébastien pour assister au bal que la confrérie des tireurs à l'arc lui offrait. L'archiduc y resta pendant plus d'une heure et put enfin rentrer à l'abbaye de Saint-Pierre pour aller goûter un repos, justement mérité après une journée si bien remplie.

Le lendemain, 14 mai 1793, nouvelles festivités mais celles-ci d'un autre genre. Les échevins de la ville de Gand, accompagnés d'un cortège composé comme celui de la veille, se rendirent pendant la matinée à l'abbaye de Saint-Pierre pour assister à l'audience que leur accordait l'archiduc.

Dans le cortège figurait le vin d'honneur que les migistrats devaient offrir au nouveau gouverneur. Ce n'étaient pas, comme de nos jours, une dizaine de maigres bouteilles qu'on débouche séance tenante et dont on verse quelques verres à la ronde. Nos pères l'entendaient autrement et faisaient les choses d'une façon plus généreuse. Le vin d'honneur dont il est ici question consistait en deux pièces de vin, blanc et rouge, déposés sur un chariot pavoisé et décoré que traînaient quatre chevaux. Le chariot était placé sous la conduite des *Kraenkinders* et entouré des bouchers et des poissonniers à cheval.

Ces deux pièces de vin étaient mises en perce et, le personnel de l'abbaye aidant, il ne fallait pas beaucoup de temps pour en faire disparaître le contenu.

L'après-midi l'archiduc se rendit à la place d'Armes où il prit part au tir à la perche, organisé par la chef-confrérie des arbalétriers de Saint-Georges. Charles d'Autriche eut la chance ou l'adresse d'abattre l'oiseau supérieur. Il fut proclamé roi et reçut les insignes de sa nouvelle dignité au milieu des acclamations de la foule. Cet évènement mémorable se trouve inscrit dans les annales de l'antique chef-confrérie.

Le même soir l'archiduc Charles-Louis quitta la ville de Gand où les autorités, les corporations et les particuliers avaient rivalisé entre eux pour lui en rendre le séjour aussi agréable que possible. Les habitants des Pays-Bas avaient vu pendant plusieurs mois leur territoire dévasté et mis à feu et à sang par les armées belligérantes, qui avaient choisi notre pays pour champ de bataille. C'est ce qui explique jusqu'à un certain point l'accueil si bienveillant et parfois enthousiate qu'on fit à la restauration de la maison d'Autriche. On espérait que celle-ci apporterait avec elle la paix et la fin des maux dont nos contrées avaient eu à souffrir.

Cet état de choses fut de courte durée. La bataille de Fleurus, gagnée le 26 juin 1794 par les armées françaises, décida du sort de notre pays qui changea de nouveau de maître. La souveraineté de la maison d'Autriche prit fin et les Pays-Bas furent annexés à la France qui les traita en pays conquis. Nous avons raconté dans une autre de nos pages d'histoire locale à quel régime épouvantable la Belgique fut soumise pendant les premières années de sa conquête par la France; nous n'avons plus à y revenir.

Ce ne fut qu'en 1815 que notre patrie fut rendue à elle-même et qu'on constitua le royaume des Pays-Bas. L'union des provinces, qui formèrent le nouveau royaume, se serait déjà réalisée dès le XVIᵉ siècle si la partie wallonne du pays, méconnaissant ses propres intérêts, n'avait à cette époque abandonné la cause nationale pour s'allier avec les Espagnols et le parti de l'Inquisition.

Flandre libérale, 30 Mars 1886.

XI

LES BOURGMESTRES DE LA VILLE DE GAND.

Depuis plusieurs mois les feuilles cléricales proclamaient *Urbi et Orbi* que les jours de l'administration communale de Gand étaient comptés. C'était surtout le bourgmestre actuel, l'honorable M. H. Lippens, qui était visé dans leurs articles ; c'était lui qu'il fallait renverser. Au dernier moment cependant, nos adversaires, conscients de leur immense impopularité, jugèrent bon de s'abstenir. Ils ont agi très sagement ; car une défaite, comme jamais parti politique n'en a subi, les attendait aux élections du 19 octobre dernier.

La ville de Gand continuera donc à être administrée par un conseil communal libéral et le bourgmestre actuel restera en fonctions, au grand chagrin des catholiques qui avaient même poussé l'audace jusqu'à désigner son successeur. Gand est et restera ce qu'elle a toujours été : la cité libérale et anti-cléricale par excellence.

Il nous a semblé intéressant, dans ces circonstances, de rechercher par qui les fonctions de chef de la commune, présidents, maires, bourgmestres, ont été remplies depuis la suppression de l'ancienne administration échevinale à la fin du siècle dernier.

Disons d'abord quelques mots de cette ancienne administration, supprimée en 1794 lors de l'annexion de notre pays à la France.

L'administration de la ville de Gand se composait d'une assemblée d'échevins, dont le nombre et le mode de nomination ont varié, mais dont les attributions sont restées à peu près les mêmes aux différentes périodes de notre histoire communale.

Les échevins étaient divisés en deux bancs : les *schepenen van der Keure* et les *schepenen van Gedeele*. Les premiers, outre leurs fonctions administratives proprement dites, exerçaient aussi la juridiction civile et criminelle. Les seconds avaient dans leurs attributions tout ce qui se rapportait aux liquidations de successions, aux testaments et aux tutelles des mineurs. La concession Caroline de 1540, imposée à la ville de Gand par Charles-Quint, fixa le nombre des échevins à vingt-six : treize échevins de la *Keure* et treize échevins des parchons, *van Gedeele*. Ce nombre ne changea plus depuis.

Les échevins des deux bancs étaient assistés de plusieurs jurisconsultes, payés par la commune et nommés de ce chef pensionnaires, *Raedpensionnarissen*. Ils avaient pour mission de donner leur avis sur les difficultés judiciaires qui se présentaient ; ils assistaient aussi aux délibérations des affaires pour lesquelles la connaissance des lois et des coutumes était requise.

Des greffiers, versés dans l'étude du droit, étaient également attachés à l'administration communale.

Il n'y avait pas ce qu'on nomme aujourd'hui un bourgmestre. Le premier échevin de la *Keure,* de *Voorschepen,* en remplissait jusqu'à un certain point les fonctions, sans cependant avoir toutes les attributions que possède le chef de la commune dans notre organisation municipale moderne.

Telle était la situation, lorsque l'annexion des Pays-Bas autrichiens (c'est ainsi qu'on nommait alors la Belgique) au territoire de la République française, vint renverser le corps des échevins gantois avec toutes les autres institutions de l'ancien régime.

———

Le 14 messidor an III (2 juillet 1795), fut installée la municipalité de Gand, composée de dix-huit membres. A sa tête se trouvait placé, avec le titre de maire, le citoyen LOUIS VAN DEN HECKE, demeurant à la place d'Armes.

———

L'année suivante la ville de Gand était régie par une assemblée, composée également de dix-huit membres. Elle était appelée : Administration municipale du canton de Gand et avait pour chef, avec le titre de président, le citoyen GOETHALS.

———

1797. — Président, le citoyen VAN DER HAEGHEN, avocat. Le conseil ne se composait plus que de huit membres, outre le commissaire du pouvoir exécutif. Celui-ci assistait également aux séances.

———

1798 et 1799. — Président, le citoyen JEAN-LOUIS VAN MELLE.

Pendant ces six années de sinistre mémoire, c'est-à-dire de 1794 à 1800, la ville de Gand fut soumise à un régime dont on se fait difficilement une idée aujourd'hui. Levées en masse, réquisitions en argent et en nature, exactions de toutes espèces, rien ne fut épargné à notre malheureuse cité qui eut à subir un véritable pillage de la part des républicains français. Napoléon Bonaparte ayant renversé la République, on respira un peu sous le consulat en attendant les folies militaires de l'empire.

1800. — L'administration municipale était présidée par un homme, dont tous les Gantois vénèrent la mémoire. Nous avons nommé LIÉVIN BAUWENS. Ce fut ce grand industriel qui, au milieu de mille périls, parvint à introduire d'Angleterre dans notre pays les premiers métiers pour filer le coton à la mécanique. Il abandonna généreusement à ses compatriotes le fruit de ses travaux et de ses recherches sans réclamer aucun avantage pour lui.

A dater de cette époque le chef de la commune porta le titre de *maire*.

1801 à 1803. — G. DE NAEYER. — Ce maire était de très petite taille ; aussi les Gantois de cette époque ne le désignaient-ils que sous le nom pittoresque de *Brieselke Naeyer*. Au mois de juillet 1803, eut lieu à Gand dans les salles de l'hôtel-de-ville une exposition commerciale et industrielle. Cette exposition, que vint visiter le premier consul Bonaparte, est une des premières que l'on connaisse.

C'est à cette époque aussi que l'architecte Pisson, sous prétexte de rendre l'hôtel de ville digne de la visite de Bonaparte, y commit ces actes inouïs de vandalisme dont tous les Gantois d'un certain âge ont pu admirer les effets. Il fallut attendre jusqu'en 1870, avant qu'on songeât enfin à entreprendre l'œuvre de restauration intérieure qui n'est pas encore complètement terminée aujourd'hui.

G. de Naeyer fut nommé conseiller de préfecture au mois de février 1804, c'est-à-dire adjoint du préfet (ou gouverneur) du département de l'Escaut (notre Flandre orientale d'aujourd'hui).

1804 à 1807. — J. DELLA FAILLE-D'HAENE. — Sous ce maire, les quatre chefs confréries de St-Georges, St-Sébastien, St-Antoine et St-Michel ainsi que la société de rhétorique *de Fonteinisten* reçurent, en 1804, l'autorisation de se reconstituer. Elles avaient été supprimées le 21 mai 1796.

1808 à 1810. — Baron P. PYCKE. — Le 3 novembre 1808 fut fondée à Gand la Société d'agriculture et de botanique, qui occupe aujourd'hui le magnifique établissement du Casino. Son local, lors de sa fondation, était à l'estaminet Frascati, au coin de la Coupure et du passage de la Coupure. La nouvelle société y tint sa première exposition en février 1809.

Au mois de mai 1810, l'empereur Napoléon et l'impératrice Marie-Louise visitèrent la ville de Gand. Ce fut lors de cette visite que les bouchers de la petite bou-

cherie (aujourd'hui Eden-Théâtre) ornèrent, dit-on, la façade
de leur local de l'inscription restée célèbre :

> Les petits bouchers de Gand
> A Napoléon le grand.

A cette occasion l'architecte Pisson, qui était insatiable,
acheva son œuvre de destruction intérieure de l'hôtel de
ville, commencée en 1803. C'est alors qu'il imagina de
construire cet affreux escalier, qui menait du grand
vestibule à la salle du trône, en détruisant le mur du fond
et en fermant la salle actuelle des mariages, cette mer-
veille d'élégance gothique.

1811 à 1813. — F.-J. VAN DER HAEGHEN. — Ce fut en
1813 qu'on décréta pour la première fois la dénomination
officielle en français des rues et places publiques. Jusqu'alors les noms des rues et des places publiques avaient
été inscrits sur les plaques indicatrices uniquement dans la
langue nationale, c'est-à-dire en flamand. Cette traduction
fut faite sur l'ordre du gouvernement français, par des fonctionnaires ne connaissant ni notre langue, ni nos mœurs, ni
notre histoire. Ces nouvelles traductions, dont un grand
nombre sont d'une inexactitude et d'un ridicule achevés, ont
malheureusement été conservées et subsistent encore aujour-
d'hui. Au coin de la rue du Cumin et de la rue du Bélier
existe encore une ancienne plaque en pierre, maçonnée
dans le mur. Elle porte, taillée dans la pierre : *Comyn-
straet*, avec une flèche désignant la rue du Cumin.

1814 à 1818. — COMTE PH. DE LENS. — La chute

de Napoléon nous débarrassa de la domination française et fit rentrer le pays dans la voie du développement national.

Sous le gouvernement hollandais le chef de la commune, au lieu de continuer à s'appeler maire, prit le titre de *burgemeester*, bourgmestre.

En 1815, pendant les Cent-jours, Louis XVIII vint s'installer à Gand avec toute sa cour. L'autorité communale doit avoir montré fort peu d'empressement à recevoir le roi Bourbon, car les registres des délibérations du conseil ne font nulle part mention de ce séjour.

Ce fut sur les diligences du bourgmestre Ph. de Lens qu'eurent lieu vers la même époque, les poursuites contre les chanoines de St-Bavon, qui avaient vendu pour 3000 fl. quatre volets du célèbre triptyque des frères Van Eyck. Cette œuvre, d'un prix inestimable, orne aujourd'hui le musée de Berlin.

Le 9 octobre 1817 eut lieu l'installation de la nouvelle Université, que le gouvernement du roi Guillaume venait de créer à Gand. L'ouverture des cours se fit le 3 novembre suivant dans des locaux provisoires, appropriés à cet effet par la ville.

———

1819 à 1825. — Le comte de Lens, nommé gouverneur de la Flandre orientale, eut pour successeur comme bourgmestre PHILIPPE PIERS DE RAVESCHOOT.

Le 4 août 1819 fut placée, par le célèbre ministre de l'instruction publique Falck, la première pierre du palais de l'Université. Celui-ci fut complètement achevé en 1826, d'après les plans de l'architecte gantois L. Roelandt.

Au mois d'août 1820 eut lieu à Gand une exposition des produits de l'industrie nationale à laquelle plus de six cents fabricants, négociants et industriels des Pays-Bas prirent part.

1826 à 1836. — JOSEPH VAN CROMBRUGGHE, avocat et conseiller d'état.

Parmi les nombreux titres que ce bourgmestre possède à notre reconnaissance, nous devons mentionner en première ligne les mesures qu'il prit en faveur de l'enseignement public.

Le gouverment néerlandais, qui s'était donné pour principale tâche de répandre à pleines mains l'instruction, trouva en Van Crombrugghe un administrateur communal qui seconda admirablement les vues du pouvoir central. Tout ce qui touchait à l'enseignement trouvait en lui un défenseur zélé et convaincu. Université, athénée, académie de dessin, etc. rien n'échappait à son activité. Mais ce fut à l'organisation de l'enseignement primaire qu'il voua tous ses soins.

Le nombre des écoles communales fut plus que doublé. Aussi quand éclata la révolution de 1830, l'enseignement public à tous les degrés était organisé d'une manière si complète à Gand que, dès cette époque déjà, notre ville pouvait être citée comme un modèle à suivre. Ajoutons que nous devons également à Van Crombrugghe la création de l'école industrielle.

Malheureusement le nouveau gouvernement, pour satisfaire le clergé, n'eut rien de plus empressé que de porter la main sur cet admirable ensemble d'établissements d'instruction fondés par le roi Guillaume. A Gand notam-

ment on priva l'Université de deux facultés; le collège
royal (athénée) se vit enlever différents cours; plusieurs
écoles primaires furent fermées; quant à l'école industrielle
elle fut supprimée complètement. Dans les campagnes,
ce fut une véritable hécatombe d'écoles communales.
1830 et 1884 ont plus d'un point d'analogie. Aussi ceux
qui pour le moment sont « nos maîtres » par la grâce
des évêques, peuvent-ils dire avec infiniment de raison que
« tous leurs efforts tendront à nous ramener aux traditions
» de 1830. »

J. Van Crombrugghe, attaché à l'ancien ordre de choses,
était un orangiste, comme on disait à cette époque. Il eut
à lutter continuellement contre le mauvais vouloir du
nouveau gouvernement. Aussi à la fin de 1836 son mandat
ne fut plus renouvelé.

1837 à 1839. — J.-B. MINNE-BARTH, avocat et professeur
à l'Université. Ce ne fut qu'un interrègne.

1840 à 1842. — JOSEPH VAN CROMBRUGGHE. — Le 1
février 1840, le bourgmestre Minne-Barth donna sa démission. Le gouvernement, mieux avisé qu'en 1836 et sous
la pression de l'opinion publique, conféra une seconde fois
le mandat de bourgmestre à J. Van Crombrugghe. Il ne
resta que deux ans en fonctions. Il mourut le 10 mars
1842 et fut enterré à Leerne-St-Martin. Son neveu et
héritier, M. Charles Van Crombrugghe, ancien sénateur
catholique et bourgmestre de Leerne-St-Martin, vient
de supprimer les écoles officielles de cette commune.
C'est ainsi, une fois de plus encore, qu'on peut dire avec

raison que les générations se suivent et ne se ressemblent pas.

J. Van Crombrugghe est le seul bourgmestre de Gand qui soit mort dans l'exercice de ses fonctions.

Le 30 août 1840 eut lieu l'ouverture du nouveau théâtre; on avait commencé la démolition de l'ancien en 1837.

1842 à 1853. — Le comte CONSTANT DE KERCHOVE DE DENTERGHEM, aïeul par alliance du bourgmestre actuel, M. H. Lippens.

2 juillet 1844. Pose de la première pierre de l'entrepôt au Dok.

Le nouveau palais de justice, commencé en 1835, fut entièrement terminé en 1843.

Pendant le courant de l'année 1853 fut placé sur le Beffroi le campanile en fer, sur lequel l'année suivante on hissa le dragon. Celui-ci avait été descendu en 1839.

Le conseil communal, dont M. le comte de Kerchove était le chef, succomba aux élections d'octobre 1854 sur certaines questions d'intérêt matériel et d'ordre purement administratif, que les catholiques ne manquèrent pas d'exploiter à leur profit. Ajoutons toutefois que plusieurs des nouveaux élus appartenaient à l'opinion libérale à laquelle ils continuèrent de rester fidèles.

1855 à 1857. — JOSSE DELEHAYE, avocat. — Les circonstances politiques à la suite desquelles M. Delehaye fut nommé bourgmestre sont trop récentes et trop connues pour que nous ayons à nous y arrêter.

Les événements qui se passèrent à la fin de 1857, ont

beaucoup de ressemblance avec ceux qui se déroulent en ce moment sous nos yeux. La discussion à la Chambre de la fameuse loi sur la charité, nommée à juste titre la loi des couvents, avait jeté le pays dans un état de trouble profond. Après les élections communales du mois d'octobre, qui tournèrent partout au profit du parti libéral, le roi eut recours à la dissolution des Chambres. Les élections générales du 10 décembre 1857 confirmèrent les élections communales du 28 octobre. Le bourgmestre de Gand J. Delehaye, membre de la Chambre des représentants dont il était également le président, ne fut plus réélu. Après cet échec il donna sa démission de conseiller communal et de bourgmestre. Il fut remplacé le 21 décembre suivant par M. Charles de Kerchove, l'un des nouveaux élus du 27 octobre 1857.

––––––

1858-1881. — Le comte CHARLES DE KERCHOVE DE DENTERGHEM, fils de l'ancien bourgmestre Constant de Kerchove de Denterghem.

Pour faire connaître son administration, nous ne pouvons mieux faire que de reproduire en partie le discours prononcé par M. Adolphe Dubois lors de la séance du conseil communal du 28 novembre 1881. C'est dans cette séance qu'il fut donné lecture de la lettre par laquelle M. Ch. de Kerchove annonçait à ses collègues du conseil que l'état de sa santé le forçait à se démettre de ses fonctions de bourgmestre.

« Ces vingt-cinq années, » disait M. Dubois, « resteront » une époque glorieuse dans les annales de la ville de » Gand. Pendant cette période, nous avons vu l'instruction » recevoir un développement admirable, les écoles multi-

» pliées assurer un enseignement public à des classes du
» peuple qui en avaient été privées jusque-là ; nous avons
» vu créer des écoles laïques pour filles, élever un hôpital
» nouveau, un nouvel orphelinat, agrandir l'athénée, le
» conservatoire de musique, restaurer l'hôtel-de-ville,
» assainir plusieurs quartiers, établir des boulevards nou-
» veaux, le cimetière de la porte de Bruges et remplacer
» par un quartier neuf la citadelle supprimée.

» De graves questions, longtemps débattues, ont reçu
» dans ces dernières années une solution heureuse. Les
» installations maritimes, qui lient désormais l'avenir de
» la ville à celui de son commerce extérieur, viennent
» d'être inaugurées; la question des installations universi-
» taires est résolue.

» Et si nous portons nos regards plus haut, nous voyons
» le nom de M. de Kerchove mêlé aux évènements où
» étaient engagés les intérêts du parti libéral et du pays
» entier, dont les destinées se décident toujours à Gand.
» Nous avons fêté, il y a un an, le cinquantième anniver-
» saire de notre indépendance nationale. Cette indépen-
» dance n'eût pas été une vérité, si nous avions été sous
» le joug des prêtres et de Rome, et nul n'a plus puissam-
» ment contribué à nous en délivrer que M. le comte de
» Kerchove. »

Le 12 décembre suivant eut lieu en son honneur la
magnifique manifestation à laquelle prit part toute la population de la ville de Gand, représentée par plus de quatre-
vingts sociétés et par des députations de tous les voisinages
avec leurs doyens en tête.

M. de Kerchove ne jouit pas longtemps du repos qu'il
avait si justement mérité; il mourut le 21 février 1882.
Ses funérailles civiles eurent lieu le 26 février suivant au

milieu d'un immense concours de monde et avec une pompe extraordinaire. Les membres de la droite ainsi que les fonctionnaires et les magistrats catholiques s'abstinrent systématiquement d'y prendre part.

Depuis 1882, la ville de Gand a pour bourgmestre M. HIPPOLYTE LIPPENS, gendre de son prédécesseur, M. Charles de Kerchove.

Les soins intelligents que M. H. Lippens porte à l'administration des affaires communales, son ardeur au travail, son attachement aux idées de progrès, tout nous permet d'affirmer que la ville de Gand trouvera en lui un magistrat dont la gestion éclairée placera notre cité au rang que son passé historique et ses traditions nationales lui donnent le droit d'occuper.

Flandre libérale, 12 Novembre 1884.

XII.

INAUGURATION DU JARDIN ET DES NOUVEAUX BATIMENTS DE LA SOCIÉTÉ DE BOTANIQUE ET D'AGRICULTURE. 1835-1836.

La maison, qui forme le coin de la Coupure et de l'Avenue de la Coupure, était au commencement de ce siècle un établissement très fréquenté, connu sous le nom de *Frascati* et tenu par le jardinier Lanckman. Parmi les habitués qui venaient tout les soirs y « tenir leur estaminet » il y avait un groupe — une table, pour employer l'expression consacrée — composé d'horticulteurs et d'amateurs de plantes.

La conversation vint un jour à rouler sur l'utilité qu'il y aurait pour les jardiniers gantois à imiter l'exemple de leurs confrères de l'Angleterre, qui se faisaient connaître en organisant périodiquement des expositions de leurs produits horticoles. Afin de réaliser plus aisément cette idée on résolut séance tenante de se constituer en société. Ceci se passait le 8 octobre 1808. Aussitôt dit, aussitôt fait; on se mit à l'œuvre et le 28 du même mois les signataires du projet de société soumirent les statuts de la nouvelle association à l'autorité communale. Ces statuts furent immédiatement approuvés par le maire et par le préfet et

le 3 novembre 1808 la société se constitua sous le titre de
« *Société d'Agriculture et de Botanique de Gand, dépar-*
» *tement de l'Escaut.* »

La société comptait alors 47 membres parmi lesquels
nous nous bornerons à citer les jardiniers Verschaffelt,
Spae, De Coninck, Alberdienst, Du Colombier, Lanckman,
Verleeuwen, De Cock. Tous ces noms continuent à être
honorablement portés par des représentants de l'industrie
horticole moderne.

Le premier règlement, dont nous possédons un exemplaire, débute comme suit :

ARTICLE I.

« Concourir au progrès de l'agriculture et de l'écono-
» mie rurale, encourager la culture des plantes indigènes
» les plus utiles, naturaliser les plantes exotiques,
» répandre les principes de la botanique, tel est le but
» de la société; elle s'interdit tout autre objet de dis-
» cussion. »

A peine installée, la nouvelle société décida d'organiser
une exposition de fleurs, qui s'ouvrirait le 6 février 1809
et qui durerait pendant quatre jours. Les prix à décerner
consistaient en une médaille d'argent et en deux accessits.
L'exposition se tint dans l'estaminet *Frascati,* local de la
Société d'Agriculture et de Botanique, où les plantes, au
nombre d'une cinquantaine, étaient rangées sur des tréteaux qu'on avait formés au moyen de planches placées sur
les tables de l'établissement.

Pendant ces quatre jours le « tout Gand », officiel et

amateur, défila dans la salle d'estaminet de *Frascati* pour admirer la première exposition de plantes, organisée en notre ville. Le jury, présidé par M. J. X. Van de Woestyne, décerna la médaille à l'avocat Lebègue pour son *Erica Triflora*. L'exposition — est-il nécessaire de le dire? — se clôtura par un banquet, auquel assistèrent le maire Pycke et d'autres autorités.

Tels furent les débuts, plus que modestes, de la Société d'agriculture et de botanique dont le nom aujourd'hui est connu — on peut l'affirmer sans aucune exagération — dans le monde entier.

Il faut avouer que la réunion des habitués de *Frascati* a fait bien des progrès depuis 1808. Au lieu des cinquante pots de fleurs de 1809, c'est par milliers que se comptent aujourd'hui les plantes, de toutes dimensions et de toutes provenances, soumises à l'appréciation du jury lors des grandes expositions floréales organisées par cette puissante et célèbre association. *Frascati* et ses tables de bois recouvertes de planches ont fait place au jardin et aux bâtiments du Casino avec leurs magnifiques installations.

Ajoutons enfin qu'à la grande exposition de 1882 on décerna 428 médailles dont 102 en or (valeur de 100 à 300 fr.), 153 en vermeil et 174 en argent. Nous voici bien loin de la modeste et unique médaille en argent, pouvant bien valoir une dizaine de francs, et des deux accessits de 1809 !

L'augmentation continuelle du nombre de ses membres et l'importance de plus en plus considérable que prenaient les expositions, organisées deux fois l'an par la société, obligèrent celle-ci à quitter *Frascati* et à choisir un local plus vaste. En 1815 elle alla occuper, rue de la Caverne, l'établissement qu'on appelait *de zaal Flora*, nom que cet estaminet porte encore aujourd'hui. La société y resta jusqu'en 1836. A cette époque elle se fixa définitivement dans le magnifique local qu'elle venait de faire élever sur les bords de la Coupure et dont l'inauguration eut lieu le 15 août 1836.

Le 15 août prochain il y aura donc cinquante ans que la Société d'agriculture et de botanique de Gand, créée en 1808 dans l'humble cabaret *In Frascati*, est venu s'installer dans le jardin et les bâtiments auxquels on a donné le nom de *Casino*.

C'est ce cinquantenaire qui nous a suggéré l'idée de consacrer une notice à la construction et à l'inauguration de ce que les journaux du temps appelaient « le nouveau temple .» de Flore et de Pomone ».

Peu après la révolution de 1830, la prospérité toujours croissante de la Société de botanique fit naître parmi ses membres le désir de posséder un jardin et des bâtiments assez vastes pour y organiser les expositions de fleurs. Ces expositions, qui se tenaient soit au salon de Flore, soit dans la grande salle de l'hôtel-de-ville, soit dans le péristyle de l'université, jouissaient déjà à cette époque d'une grande réputation.

Cette idée fut mise à exécution lors des fêtes, données en 1834 à l'occasion du 25ᵉ anniversaire de la fondation de la Société. Celle-ci était née et s'était développée dans le quartier d'Akkerghem. Ce fut là également, au milieu des établissements horticoles des Beyls, des De Coninck, des De

Cuyper, des De Vriesere, des Lanckman, des Spae, des
Van Damme, des Verschaffelt — pour ne citer que les prin-
cipaux — que son comité directeur décida de construire le
superbe local que nous admirons encore aujourd'hui.

La Société s'adressa d'abord à la ville de Gand et lui
demanda la cession gratuite de la butte de moulin et des
terrains vagues, servant de dépôt de fumier, situés entre
le couvent des Thérésiennes et la fabrique de Ruyck. En
même temps se fondait une association anonyme au capital
de 250,000 fr. Cette somme, destinée à couvrir les frais
d'achat de terrain, de construction des bâtiments et
d'aménagement des jardins, fut souscrite au bout de quelques jours.

Le conseil communal de son côté, dans sa séance du
14 mai 1834, s'empressa d'accorder la cession gratuite des
terrains et de la butte de moulin qui lui était demandée. La
Société acheta en outre diverses propriétés avoisinantes
pour un prix total de 47,000 fr. Le local, qu'on se proposait de construire près de la Coupure, constituait une amélioration inappréciable pour cette partie de la ville qui allait
se transformer comme par enchantement. L'établissement
de ce qu'on nomma plus tard le *Casino* fut pour le quartier
d'Akkergem ce que de nos jours le jardin des Glacis est
pour le quartier de la ci-devant porte de Courtrai.

Nous avons oublié de dire que la Société de botanique
avait, dès 1832, pour président le bourgmestre J. Van
Crombrugghe et que la commission directrice était presque
entièrement composée — comme la plupart des sociétés
gantoises de cette époque — d'orangistes c'est-à-dire de
libéraux. Rien d'étonnant donc à ce que cette cession gra-

tuite d'un terrain, sans valeur aucune, fut dénoncée par les journaux catholiques et patriotes comme un acte de favoritisme au profit des « frères et amis » orangistes.

Le *Vaderlander* entre autres écrivit que si la régence avait été soucieuse des deniers publics, elle aurait fait niveler et vendre ensuite le sable formant le monticule du moulin !!! Ce sable aurait probablement trouvé acquéreur près des ménagères pour en joncher les dalles de leurs cuisines !

Le *Journal des Flandres* et le *Vaderlander*, dans la campagne qu'ils avaient entreprise contre la régence et contre la Société d'horticulture, allèrent jusqu'à chercher des alliés dans la corporation des *Mestrapers*. Ceux-ci avaient l'habitude de déposer les produits de leur industrie sur les terrains que la ville venait de céder. On leur avait accordé deux mois pour les enlever et les transporter sur un terrain vague près du rempart du Béguinage. Cette concession ne les satisfit pas. Le rédacteur du *Vaderlander*, nouveau Mazaniello, se mit à la tête des révoltés et les engagea à s'opposer par la force aux ordres arbitraires du collège échevinal. Son appel ne fut pas entendu et l'intéressante corporation des *Mestrapers* se refusa à jouer plus longtemps le rôle de conjurés. Ils abandonnèrent donc la Coupure pour aller se fixer dans les environs du Grand béguinage.

———

Dès le commencement de l'année 1835, on mit en adjudication publique la construction des bâtiments dont les plans avaient été dressés par M. l'architecte Roelandt. M. l'entrepreneur Kerfyser fut déclaré adjudicataire des travaux pour la somme de 119,919 fr., ne différant que de 27 fr. avec MM. Broeckhans et De Beer.

La pose de la première pierre fut fixée au 2 juin 1835. Pas de fête à Gand sans cortège. Aussi au jour indiqué les quatre chefs-confréries de St-Georges, St-Sébastien, St-Antoine et St-Michel, ainsi que toutes les sociétés et corporations de la ville se réunirent-elles à trois heures de relevée devant l'hôtel-de-ville, enseignes déployées et bannières au vent, pour escorter les autorités jusqu'à la Coupure. En tête de ce cortège marchait la célèbre société d'harmonie de *Sainte-Cécile,* qui se proposait de donner ses concerts dans le nouveau local de la Société de botanique.

Cette fête avait attiré une foule énorme sur les bords de la Coupure et dans les rues environnantes. A quatre heures et demie les salves d'artillerie annoncent l'arrivée du cortège et des autorités communales. Celles-ci prennent place sous un dais disposé près de l'endroit qui devait recevoir la première pierre. Le bourgmestre Van Crombrugghe, entouré du collège échevinal et du conseil communal, — le gouverneur avait cru devoir s'abstenir — prononce une allocution dans laquelle il fait ressortir la grandeur de l'œuvre entreprise par la Société d'agriculture et de botanique et les avantages que la ville de Gand est appelée à en recueillir. Après quoi il pose la première pierre du nouvel édifice, qu'il scelle lui-même dans la maçonnerie des fondements. On y met également des médailles commémoratives et un procès-verbal de la cérémonie.

La cérémonie terminée, le cortège se remet en marche et se dirige vers le parc des arbalétriers de St-Georges où un banquet réunit les autorités communales, les commissaires et des membres de la Société de botanique, de la Société de Saint-Cécile, des quatre chefs-confréries et de plusieurs autres associations de la ville. Pendant le banquet, il est donné lecture d'une pièce de vers, intitulée « la première pierre » et composée par Ch. Froment, ancien rédacteur du *Messager de Gand et des Pays-Bas,* que ses opinions orangistes avaient forcé à quitter le pays. Faisant allusion au rétablissement de l'ancien royaume des Pays-Bas, Froment dit dans la dernière strophe :

> Concitoyen exilé de la fête,
> Mais nourrissant en moi le souvenir,
> Permettez-moi de relever la tête
> Au souffle heureux d'un prochain avenir.
> On chassera tel qui me congédie :
> Je n'en suis pas à mes derniers adieux.

Il ne faut pas oublier que la lecture de cette pièce de vers, couverte d'applaudissements, se faisait en présence des autorités communales et de l'élite de la bourgeoisie de Gand.

La fête de la pose de la première pierre, qui avait mis toute la ville sur pied, passa presque inaperçue dans les colonnes des journaux catholiques et patriotes. Ceux-ci se bornèrent à l'annoncer en deux lignes, perdues au milieu des faits divers.

L'entrepreneur, M. Kerfyser, se mit immédiatement à la besogne et l'on vit bientôt surgir de terre et s'élever les murs de ce vaste bâtiment qui fut achevé en un peu plus d'un an. En 1835 et en 1836 la Coupure était la promenade favorite des flâneurs gantois, qui venaient juger *de visu* du degré d'avancement des nouvelles constructions du futur Casino. Alors, comme aujourd'hui d'ailleurs, chacun de ces promeneurs avait un projet tout fait ou trouvait que telle ou telle modification devait être apportée au plan primitif.

Les uns auraieut conservé l'ancienne butte et élevé le bâtiment du côté des Thérésiennes; les autres auraient supprimé les colonnes du péristyle; ceux-ci voulaient un jardin anglais; ceux-là par contre désiraient un jardin français dans le genre des parcs de Lenôtre; fallait-il un kiosque ou n'en fallait-il pas? Toutes questions donnant lieu à de graves discussions.

Quoi qu'il en fût, l'avis de tous était que le palais qu'une société particulière élevait avec ses seules ressources, allait constituer un embellissement considérable pour la ville et donner un nouvel essor au commerce horticole gantois.

Seule la presse réactionnaire et patriote ne cessait de faire entendre sa note discordante dans ce concert d'éloges. C'est ainsi qu'une petite voûte de cave s'étant écroulée au mois de juillet 1836, le *Journal des Flandres* s'empressa d'annoncer cette bonne nouvelle à ses lecteurs dans les termes suivants :

« Une partie du fameux *Casino* s'est enfoncée dans » l'après-dînée d'avant-hier, au grand chagrin de l'archi- » tecte, de la régence, et de quelques sociétaires. »

La mauvaise humeur des journaux catholiques et patriotes était quelque peu compréhensible. Le « fameux » Casino s'achevait à la satisfaction générale et allait être inauguré au mois d'août 1836. De plus, on était en pleine période électorale et les candidats de l'évêché et de la Société patriotique risquaient fort de mordre la poussière. C'est ce qui eut lieu en effet. Le 16 juillet 1836, aux élections communales; les candidats orangistes et libéraux l'emportaient à une majorité formidable sur leurs concurrents des partis réactionnaires.

———

Pendant que les journaux hostiles à l'administration communale ne cessaient de crier sur tous les tons que la construction du Casino se faisait dans des conditions défectueuses et qu'on pouvait s'attendre à voir le bâtiment s'écrouler l'un ou l'autre jour, pendant ce temps, disonsnous, la Société de botanique et la Société de Sainte-Cécile, continuaient les préparatifs de la fête d'inauguration, fixée au 15 août 1836.

Pour donner aux lecteurs une idée de la polémique des journaux de cette époque, voici comment le *Messager de Gand et des Pays-Bas* répondait au *Journal des Flandres*. Nous choisissons au hasard.

« Le « fameux Casino » s'achèvera malgré la soutane et le
» *Journal des Flandres*. On y dansera même à la barbe
» du clergé. Nous apprenons en effet que l'inauguration de
» cet édifice aura lieu le 15 août prochain, et que le même
» jour il y sera donné une fête champêtre avec concert,
» illumination, feu d'artifice et bal.

» Il y a là de quoi désespérer toute la sacristie. »

Le jour de l'inauguration du nouveau local, annoncé dans tous les journaux du pays, est enfin arrivé. La fête ne devait commencer qu'à huit heures du soir et cependant dès trois heures de l'après-midi, une foule compacte formait déjà queue devant les grilles du *Casino*. Disons en passant qu'une discussion très curieuse s'était engagée dans les journaux sur le point de savoir quelle était la signification réelle du mot *Casino*, ainsi qu'on nommait

le nouveau local de la Société de botanique. On tomba
d'accord pour décider que ce mot désignait « un lieu de
» réunion, de plaisirs, d'amusements dans les villes d'un
» certain ordre et exclusivement ouvert à quelques classes
» de la société. »

La fête consistait, comme le disait le *Messager de Gand*,
en un concert donné par la Société de Sainte-Cécile, illumination du jardin, feu d'artifice et bal. Le lecteur n'attend
pas de nous une description détaillée de cette fête, qui
fut le digne précurseur de toutes celles que la Société
d'horticulture et de botanique a données depuis à ses nombreux membres. Nous nous bornerons à dire que quatre à
cinq mille personnes, parmi lesquelles beaucoup d'étrangers
à la ville, assistèrent à ce qu'à cette époque on nommait
« l'ouverture solennelle du temple élevé aux sciences, aux
» arts et à la civilisation ! » Ce chiffre est énorme quand
on songe que la population de Gand n'était en 1836 que de
88,000 habitants.

———

La grande salle, construite en 1866, occupe l'emplacement où se trouvait à l'origine un jardin disposé en amphi-
théâtre. Ce jardin, dans lequel se donnaient lés concerts
d'été, avait été tracé sur le terrain où s'élevait la butte de
moulin dont nous avons parlé plus haut. Les musiciens se
tenaient dans un kiosque, adossé contre le mur du bâtiment
à l'endroit où se trouve aujourd'hui l'escalier de pierre
conduisant au premier étage.

Les concerts militaires se donnaient dans le grand
jardin. Les musiciens se trouvaient placés sur le péristyle
à colonnes devant le bâtimeut. La société fit construire

en 1871 le kiosque dans lequel ces concerts se donnent aujourd'hui.

Les feuilles cléricales avaient prédit, en parlant du défaut de solidité de la nouvelle construction, qu'à la première réunion un peu nombreuse la grande salle de l'étage n'aurait pas manqué de s'écrouler. Les faits leur donnèrent un éclatant démenti. Lors de la fête d'installation, une pluie momentanée força la foule qui circulait dans le jardin à se réfugier dans la salle où se donnait le bal. Les journaux libéraux et orangistes prirent texte de cet évènement pour confondre leurs adversaires. Ils calculèrent le chiffre approximatif des personnes qui à un moment donné étaient réunies, et dont une grande partie dansait, dans la rotonde et les deux ailes latérales; ils fixèrent ensuite le poids que présentait une pareille masse. Eh bien! ce poids énorme n'avait pas fait dévier les murs d'un millimètre! L'épreuve était donc complète, répondaient-ils, et les journaux patriotes avaient le chagrin de ne pas voir s'accomplir le désastre qu'ils avaient prédit avec tant d'assurance.

Nous avons dit plus haut que le nouveau local du Casino était également à l'usage de la Société de musique de Sainte-Cécile. En 1839 celle-ci décida de son côté de se construire un local pour y donner ses fêtes. Elle acheta moyennant la somme de 68,000 fr. la vaste propriété située à la Coupure et à la Nouvelle Promenade et appelée *het Spiegelhof*. Le bâtiment connu encore aujourd'hui sous ce nom, fut élevé avec d'autres constructions, par l'archi-

tecte Minard pour la somme de 80,000 fr. Après la dissolution de la Société de Sainte-Cécile, le *Spiegelhof,* qui
avait coûté 148,000 fr., fut vendu en 1847 pour la somme
de 55,500 fr.

Le *Spiegelhof* ou *Goed ten Spieghele* était une ancienne
seigneurie dont il est déjà fait mention dans des documents
du XIIIe siècle.

Dans le chapitre que, dans la première série de nos
Pages d'histoire locale gantoise, nous avons consacré à la
chef-confrérie des arbalétriers de Saint-Georges nous
avons donné quelques échantillons des souhaits de nouvel
an en vers, adressés aux membres par le *Knaepe* de la
société. Le messager de la Société de botanique avait également l'habitude de saisir l'occasion du renouvellement de
l'an pour adresser ses vœux de bonheur et de santé à tous
les membres auxquels il remettait un exemplaire, grand
in-folio, de cette poésie désintéressée.

Voici par exemple comment débute le *Knaepe* Simon
Van Daele dans ses souhaits du 1 janvier 1811, qui comportent une soixantaine de vers :

> *Vrienden van de vreemde arbusten,*
> *Die heel groen en liberael,*
> *Komen naer sieur Lanckman's zael*
> *Van verre afgelegen kusten,*
> *Permettcert aen knaep Van Dael*
> *Dat hy u uyt vollen herte,*
> *Wenscht een nieuw jaer zonder smerte.*

Le même Van Daele donne en 1814 carrière à ses

sentiments d'affection et de dévoûment dans les termes suivants :

'T jaer veertien dat begint, 't jaer dertien heeft gedaen !
'K geloof 't myn ziel, 'k geloof 't, den tyd heeft vleugels aen ;
O Gy die in den kweek gestelt hebt uw behaegen,
Ontvangt van uwen knaep Van Dael
Een zalig Nieuw-Jaer Gift ; hy wenscht u altemael
Schoon weer en zonne-schyn, en zoete zomerdagen
Niet t' heet, nog niet te koud ; veel regen is te nat ;
Een weinig water, door den hemel ons gegeven,
Stelt heel het veld in leute, en maekt de planten zat.
Etc. Etc. . . . .

L'auteur de ces vers était Norbert Cornelissen. Il exerça souvent sa verve railleuse aux dépens du *Knaepe* Van Daele qui ne savait ni lire ni écrire.

Cet usage, dont nous avons cru intéressant de dire quelques mots, disparut peu à peu. Il n'existait déjà plus en 1836 lors de l'inauguration du nouveau local. Ces pièces de vers, si naïves et si originales, furent remplacées par la banale carte d'adresse, lithographiée avec plus ou moins de goût, que nous avons le plaisir de recevoir dans les premiers jours du mois de janvier.

Le 15 août prochain, il y aura cinquante ans que la Société de Botanique et d'Agriculture, dont les commencements ont été si humbles et si modestes, occupe le magnifique local et les jardins qui s'étendent sur les bords de la Coupure.

14

Dans vingt-deux ans elle célébrera, espérons-nous, le centenaire de son existence, âge que bien peu d'associations — nous en exceptons naturellement les associations religieuses — sont appelées à atteindre dans notre pays.

Flandre libérale, 5 Juillet 1886.

XIII.

INAUGURATION DU CHEMIN DE FER A GAND
LE 28 SEPTEMBRE 1837.

On se propose de célébrer bientôt à Bruxelles le cinquantième ou, pour parler plus exactement, le cinquante et unième anniversaire de l'établissement des chemins de fer en Belgique. Une commission est en ce moment à l'œuvre pour rédiger le programme des festivités qui auront lieu à cette occasion.

A ce propos il nous a paru utile de consacrer une page d'histoire locale à l'inauguration du chemin de fer à Gand, inauguration qui se fit le 28 septembre 1837. Cet événement exerça une trop grande influence sur l'avenir de notre cité, pour permettre que le souvenir de ce qui s'est passé à cette époque puisse tomber dans l'oubli.

Nous dirons d'abord quelques mots des discussions qui précédèrent le vote de la loi dans les deux Chambres.

———

Le 4 mai 1834 parut au *Moniteur* la loi créant la première ligne de chemins de fer établie en Belgique. L'article premier est ainsi conçu :

« Il sera établi dans le royaume un système de chemins
» de fer ayant pour point central Malines, et se dirigeant à
» l'est vers la frontière de Prusse par Louvain, Liège et Ver-
» viers ; au nord par Anvers ; à l'ouest sur Ostende par Ter-
» monde, Gand et Bruges, et au midi sur Bruxelles et vers
» les frontières de France. »

La discussion de cette loi, qui allait engager les finances
de l'Etat pour des sommes considérables, fut remarquable
tant au point de vue de la grandeur des idées qui y
furent développées qu'au point de vue du talent des
orateurs. A ces débats prirent également part, sous le
nom de commissaires du roi, les ingénieurs chargés
de dresser les plans de la ligne et de présider à sa
construction.

Le grand point en discussion était de savoir si l'État
allait se charger de la construction du chemin de fer, ou bien
si ce soin devait être laissé à l'initiative privée sous forme
de concession à des particuliers ou à des sociétés. Les deux
systèmes avaient des partisans ardents et convaincus. Ce
fut le premier qui l'emporta à la Chambre des représentants dans la séance du 23 mars 1834 par 55 voix
contre 35. L'ensemble de la loi passa à la Chambre le
28 mars suivant par 56 voix contre 29 et une abstention,
et au Sénat le 30 avril par 32 voix contre 8 et deux
abstentions.

L'opposition dans les deux Chambres se composait des
députés et des sénateurs qui préféraient abandonner l'exploitation à l'initiative privée, et de ceux qui ne voulaient
en aucune façon de l'établissement d'un chemin de fer en
Belgique. Les raisons alléguées par ces derniers étaient si
curieuses et si originales que nous ne pouvons résister au
désir d'en signaler quelques-unes. Elles valent d'ailleurs

celles développées à la Chambre française par Thiers, qui était également un adversaire acharné des routes ferrées.

Le premier orateur, qui prit la parole contre la loi dans la Chambre des représentants, vanta la supériorité des canaux : « dans un pays comme la Belgique, » dit-il, « le » système des canaux est de beaucoup préférable à celui des » chemins de fer qui renversera, par la concurrence, les » voitures publiques et les entreprises de roulage. On ne » peut rouler la nuit sur les routes de fer tandis qu'on peut » naviguer la nuit sur les canaux. » Il voit de plus dans cette nouvelle invention la ruine du commerce et de l'industrie belges.

Un représentant de Gand y voit également une cause de ruines pour une foule de professions. D'après lui, « si l'on » substitue pour les transports les agents mécaniques à » l'emploi des hommes et des animaux, beaucoup d'hommes » resteront inoccupés et on occupera moins de chevaux. » Que deviendront les bateliers, les éclusiers, les conduc- » teurs de chevaux, les haleurs de bateaux, ces milliers » d'ouvriers occupés à charger et à décharger les voitu- » res ? » L'orateur demande également quel sera le sort des voituriers, des aubergistes, des charrons, des selliers etc. Un si grand nombre de personnes seront privées de toutes ressources que les budgets des bureaux de bienfaisance ne suffiront plus à les nourrir, car : « Les chemins de fer, » excluant l'emploi de beaucoup d'hommes, en laisseront un » grand nombre inoccupés et livrés par là même à la cor- » ruptrice influence de l'oisiveté ! »

Un autre représentant fait une objection d'un genre tout particulier. Il dit que la construction des nouvelles voies exigera l'emploi d'une si grande quantité de fer, qu'il n'en

restera plus assez « pour faire les socs des charrues et les
» bayonnettes des fusils ».

Au Sénat nous trouvons une autre espèce d'opposition.
On prédit que la Belgique va de nouveau devenir le champ
clos où les états de l'Europe viendront vider leurs diffé-
rends. « Notre pays, » dit-on, « est si bien situé pour servir
» de rencontre aux armées des états qui nous entourent,
» pourquoi leur ouvrir la voie?» Dans le même ordre d'idées
un sénateur motive son opposition en disant : « Savez-vous
» ce qu'on vous propose? de faciliter les voies à vos enne-
» mis... Car c'est à leur porte qu'on veut conduire ces
» chemins rapides; et non seulement c'est aux grains, c'est
» au bois, c'est à tous les produits du Nord que vous
» aurez livré passage, c'est surtout aux Prussiens et aux
» Cosaques ! »

Enfin un troisième orateur dit que la construction de la
nouvelle voie aura des résultats si désastreux pour le pays,
qu'il faudra placer des troupes le long du chemin de fer
pour protéger celui-ci contre les agressions des malheureux
qu'il aura ruinés.

Nous pourrions multiplier ces citations, mais nous
croyons que celles-ci suffiront amplement pour montrer à
quels étranges arguments durent recourir les orateurs qui
refusèrent de voter l'introduction des chemins de fer en
Belgique.

Dès que la loi fut votée et publiée, le gouvernement se
mit à l'œuvre et dans le courant de l'année 1837 le chemin
de fer, du côté de l'ouest, était achevé jusqu'à Gand. On
nommait cette partie de la ligne, la section de Termonde à
Gand.

Un événement aussi important devait naturellement être célébré par des fêtes et des réjouissances publiques. Le moment était peu propice; on se trouvait en pleine crise communale, motivée par le refus du gouvernement de renouveler le mandat du bourgmestre Van Crombrugghe, en fonctions depuis 1826. Les opinions orangistes du chef si populaire de la commune gantoise étaient la seule raison du refus opposé par le ministère. Celui-ci avait en vain fait des démarches auprès de plusieurs conseillers communaux, aucun n'avait voulu accepter le mandat de bourgmestre. Un · seul, l'avocat Minne-Barth, consentit à en remplir ad interim les fonctions, auxquelles il fut nommé définitivement le 5 octobre 1837, peu de jours donc après l'inauguration du chemin de fer à Gand. C'est au milieu de ces circonstances qu'arriva la nouvelle que la ligne allait être livrée à la circulation jusqu'à Gand vers la fin du mois de septembre.

Le conseil communal se réunit le 23 août afin de prendre les · mesures nécessaires à la célébration de la fête. Une commission fut nommée à cet effet et composée de MM. Claes-De Cock, comte d'Hane, Van Crombrugghe, Bossaert et De Meulemeester. L'échevin f. f. de bourgmestre Minne-Barth proposa d'inviter le roi et la reine à assister à la cérémonie. Mais le conseil décida que cette question ne devait pas faire l'objet d'un vote spécial et serait résolue lorsque la commission présenterait son programme.

Dans la séance suivante cette proposition fut acceptée par 17 voix contre 6; MM. Verhaeghe-de Naeyer, Grenier-Lefebvre et Claes-De Cock furent chargés d'aller à Bruxelles porter l'invitation au roi et à la reine. Dans cette même séance du 31 août, on vota un crédit de 15,000 francs pour couvrir les frais de la fête, mais à condition que celle-ci se donnerait les 1, 2 et 3 octobre. L'ouverture des Chambres et un voyage que le roi devait faire en Angleterre ne permirent pas de maintenir la première de ces dates. Dans la séance du conseil communal du 8 septembre, on fixa l'inauguration du chemin de fer au 28 septembre suivant mais on maintint le 2 et le 3 octobre pour la continuation des fêtes. Le programme de celles-ci consistait en distribution de pains aux pauvres, cortège, banquet, concert dans la rotonde de l'Université, illumination, spectacle gala, jeux populaires, feu d'artifice, concours organisés par les quatre *Hoofd-Gilden*, St-Georges, St-Sébastien, St-Antoine et St-Michel, et par la société Guillaume Tell.

Ici se présente un incident que nous ne pouvons passer sous silence et qui montre combien les esprits étaient encore montés à Gand contre le gouvernement, issu des journées de septembre. Il avait été question de frapper une médaille en souvenir de l'inauguration du chemin de fer et de la visite du roi et de la reine à Gand. Le conseil communal refusa de voter les fonds nécessaires et rejeta la proposition. Le procès-verbal de la séance (16 septembre) se borne à dire que la proposition n'est pas admise; il n'indique pas les motifs du rejet ni la façon dont les votes se sont répartis. Une commission de patriotes se forma pour recueillir des souscriptions à l'effet de reprendre la proposition rejetée par le conseil communal et de faire frapper une médaille commémorative. Cette commission avait pour président le sénateur catholique Van Saceghem, pour vice-président le chanoine De Smet et pour secrétaire l'avocat De Paepe, rédacteur de la feuille cléricale le *Journal des Flandres* et secrétaire de la société patriotique établie à la place d'Armes. Cette société était désignée par les orangistes sous le nom de *het Hondekot*; la Concorde, composée de l'élite de la bourgeoisie libérale et orangiste de la ville, était nommée par les patriotes et les catholiques : *het Verkenskot;* le club ou société des nobles était généralement désigné sous le nom de *het Ezelskot.*

La promenade favorite des Gantois à cette époque était les prairies des moines dans lesquelles aboutissait le chemin de fer. Le nombre des curieux qui venaient « inspecter » les travaux et donner leur avis sur la façon dont ceux-ci étaient conduits, devenait si considérable que l'autorité dut placer des sentinelles pour empêcher la foule de déborder les ouvriers. Afin de donner une idée de l'activité déployée, surtout pendant les derniers jours, il nous suffira de dire que plus de cent charrettes à deux chevaux amenaient les décombres pour niveler les prairies et remplir les fossés.

Pendant ce temps la polémique continuait dans la presse locale et dans les feuilles de la capitale. Les journaux libéraux et orangistes protestaient contre les articles des journaux cléricaux et patriotes, qui soutenaient qu'on avait à dessein choisi le mois de septembre pour procéder à l'inauguration de la nouvelle ligne. Le *Conservateur* de Bruxelles, entre autres, avait écrit : « l'inauguration du chemin » de fer à Gand, c'est l'inauguration à Gand de la révolu- » tion de 1830 et du roi Léopold. » Les habitants firent cependant trève pour quelques jours à leurs dissensions politiques. Catholiques et patriotes, libéraux et orangistes, tous se mirent à l'œuvre pour célébrer dignement l'inauguration de la nouvelle « route en fer » comme on disait à cette époque.

Toutes les rues par lesquelles allait passer le cortège

qui, après la cérémonie, devait conduire le roi et les autorités à l'hôtel du gouvernement, étaient brillamment ornées et pavoisées.

Enfin le 28 septembre est arrivé. Dès le matin, un grand nombre de Gantois se rendent hors de la ville et vont jusqu'à Melle se placer sur le bord de la route pour voir le train qui va inaugurer la ligne de Termonde-Gand. Tout le long du parcours on avait construit des tréteaux et des échafaudages sur lesquels les curieux venaient s'entasser. Afin d'éviter que la foule ne s'aventurât sur les rails, des chasseurs à cheval, des lanciers et des grenadiers étaient échelonnés le long de la voie jusqu'à Gand.

Dès la veille déjà une députation du conseil communal, conduite par l'échevin Bossaert, s'était rendue à Bruxelles pour accompagner les autorités et les invités jusqu'à Gand.

A droite de l'entrée de la station se trouvait dressée la tente royale, à la suite de laquelle on avait élevé plusieurs estrades. Les prairies des moines, traversées par le nouveau railway, étaient ainsi appelées parce qu'autrefois elles appartenaient aux moines de l'abbaye de Saint-Pierre. Elles couvraient le vaste espace, occupé aujourd'hui par le boulevard Frère-Orban, le chemin de fer, le jardin zoologique, le boulevard du jardin zoologique et le quai des moines.

Vu de cet endroit, le panorama de la ville de Gand était splendide. A gauche se dresse d'abord l'église de Saint-Pierre ; puis viennent une suite non-interrompue de jardins descendant en pente jusqu'à l'Escaut. A droite tout le quartier de Sainte-Anne. En face de soi s'étend la ville, du milieu de laquelle on voit s'élever les tours de Saint-Bavon, de Saint-Nicolas, de Saint-Michel et de notre antique Beffroi.

Aussi loin que l'œil peut porter se dressent les innombrables cheminées des fabriques.

Enfin, vers quatre heures, le canon de la citadelle annonce que le train est en vue. Cet immense convoi, entièrement pavoisé, se composait de quatre trains se suivant immédiatement et remorqués par les locomotives *Charles-Quint*, *Rubens*, *Juste-Lipse* et *Godefroid-de-Bouillon*. A quatre heures et demie il fait son entrée dans la station. C'est au milieu des acclamations enthousiastes de la foule, au bruit du canon et au son de la musique que les autorités et les invités descendent des voitures et entrent dans la gare.

Le roi et la reine, arrivés dès le matin, se trouvaient dans la loge royale où ils furent complimentés par le gouverneur de la Flandre orientale, de Schiervel. Léopold répondit en disant que la Belgique devait devenir l'artère principale par laquelle s'effectuerait le mouvement du commerce sur le continent.

M. Minne-Barth, accompagné des échevins et des membres du conseil communal, s'approcha ensuite et prononça un discours de remercîments pour les bienfaits que la ville de Gand allait retirer de la nouvelle voie de communication, qui s'avançait jusqu'à l'intérieur de la ville. Dans sa réponse le roi, faisant allusion à l'état de surexcitation dans lequel se trouvait la ville de Gand, dit avec infiniment de tact et d'à-propos : « J'emploie tous mes soins à fermer des plaies » qui sont inévitablement la suite de toutes grandes commo- » tions politiques. Je compte sur le bon esprit qui distingue » les Gantois pour coopérer avec moi à rendre votre ville » ce qu'elle doit être : riche, splendide, tranquille et » heureuse. »

Comme ces paroles si sages et si modérées contrastaient avec les discours véhéments des patriotes à tous-crins! Ceux-ci ne pouvaient pardonner à la ville de Gand de regretter le gouvernement déchu, pour lequel l'instruction publique était l'objet de soins constants et qui avait doté notre cité de l'Université et du canal de Terneuzen.

Le roi fit ensuite demander les ingénieurs Simons et De Ridder, qui avaient présidé à la construction du chemin de fer, et leur remit la croix d'officier de son ordre.

La cérémonie terminée le roi et la reine, accompagnés des autorités, se rendirent à l'hôtel du gouvernement provincial en prenant par la rue digue de Brabant, la rue de Brabant, la place d'Armes, la rue du Soleil, la rue des Champs, la rue de l'Université, la place de la Calandre et la rue d'Orange. Le cortège était ouvert par un escadron de cuirassiers avec la musique; venaient ensuite la société *Guillaume Tell*, les quatre *Hoofd-Gilden*, St-Georges, St-Sébastien, St-Michel et St-Antoine, la société de musique de Termonde, la grande Harmonie de Bruxelles, la société de *Ste-Cécile* de Gand et enfin les voitures royales et les autorités civiles et militaires; le cortège était fermé par un détachement de cuirassiers. La haie était formée par les 5ᵉ et 12ᵉ régiments de ligne.

—————

A six heures un banquet privé réunissait, dans un des salons du gouvernement provincial, quelques invités à la table royale. A la même heure un banquet était servi dans ce qu'on nommait alors la salle gothique de l'hôtel-de-ville. Plus de deux cents convives y assistaient parmi lesquels nous devons citer : le ministre des travaux publics

Nothomb, le ministre de l'intérieur et des affaires étrangères de Theux, le ministre de la guerre Willmar ; les ministres plénipotentiaires et les chargés d'affaires de l'Angleterre, du Brésil, de l'Espagne, du Danemark et du Portugal ; Charles Rogier, alors gouverneur de la province d'Anvers ; plusieurs généraux ; des représentants ; des fonctionnaires étrangers ; le collège échevinal et des conseillers communaux, etc. etc.

Il n'y eut rien moins que dix toasts portés en l'honneur du roi et de la reine, des ministres, de la ville de Gand, de Charles Rogier, du gouverneur, des ingénieurs, etc. Afin de ne donner lieu à aucune critique et de ne provoquer aucune protestation, tous les toasts furent strictement officiels. Le ministre des travaux publics seul, en buvant à la ville de Gand, fit, en termes très modérés et très courtois, des vœux pour la réconciliation de cette cité avec le nouvel ordre de choses sorti de la révolution de 1830. Le roi de son côté agit très sagement en n'assistant pas au banquet où, au milieu d'une réunion aussi nombreuse et composée de personnes appartenant à des opinions si différentes, l'un ou l'autre incident aurait pu se produire. C'est ce qui arriva en effet quand des protestations accueillirent la *Brabançonne*, jouée par une musique militaire qui se faisait entendre pendant le repas.

A neuf heures un concert organisé par la société des *Chœurs* de Gand et par le Conservatoire réunissait une foule nombreuse dans la salle de la rotonde de l'Université. Le roi et la reine assistaient au concert. Le soir la ville fut brillamment illuminée.

———

Le lendemain, 29 septembre, le roi et la reine reçurent les autorités civiles et militaires.

En réponse aux discours de l'administrateur et du recteur de l'Université, le roi dit que lorsque cet établissement était menacé dans son existence il prit sa défense contre ceux qui ne voulaient qu'une seule université de l'État. Il ajouta que dans une province si populeuse, dans une ville si importante par sa position actuelle et par ses souvenirs historiques l'Université ne pouvait pas être supprimée. Il s'applaudit d'avoir contribué à sa conservation. Dans cette circonstance encore la conduite du roi fut plus sage et plus patriotique que celle des personnes de son entourage, qui voulaient supprimer les universités de Gand et de Liége au profit de celle de Louvain et de celle de Bruxelles.

Le conseil communal de son côté exposa la situation déplorable, principalement au point de vue commercial et industriel, dans laquelle les évènements avaient plongé la ville de Gand. Ici encore le roi sut trouver le mot juste pour répondre aux mandataires de la capitale des Flandres, et pour les assurer que rien ne serait négligé afin de rendre à la cité gantoise sa prospérité et sa grandeur d'autrefois.

Dans le discours prononcé par le gouverneur de Schiervel nous devons relever une phrase qui, dans la bouche de ce fonctionnaire du cléricalisme le plus pur, avait une importance considérable et montrait qu'en haut lieu on commençait à s'effrayer de la destruction de l'enseignement primaire, qui avait été la suite de la révolution de 1830. « Si l'importance de l'enseignement primaire, » dit-il, « a été comprise par l'administration communale de Gand, » il n'en est pas de même dans toutes les localités; plu- » sieurs communes rurales méconnaissent leurs devoirs à » cet égard. » En effet les administrations communales de ces localités, obéissant aux ordres du clergé, s'étaient hâtées de profiter de la liberté d'enseignement, inscrite dans la Constitution, pour supprimer toute espèce d'enseignement dans leurs communes. On voit qu'à cinquante ans de distance l'histoire se répète. Nous assistons en 1885 à une seconde destruction de l'enseignement primaire, dirigée par le même parti auquel nous devons principalement la révolution de 1830.

Dans la matinée du 29 septembre, le roi et la reine visitèrent la filature De Gandt située rue neuve St-Pierre, la raffinerie de sucre Neyt, les imprimeries de coton De Hemptinne et Rosseel, l'orphelinat des corsets rouges, le Casino, le grand Béguinage et l'église de St-Michel.

Après la réception des autorités, dont nous venons de parler, le roi assista à six heures à un banquet d'une cinquantaine de couverts, offert aux autorités dans les salons du gouvernement.

Le même soir un bal, auquel le roi et la reine assistèrent également, réunit l'élite de la société gantoise dans la salle du trône de l'hôtel-de-ville.

La famille royale quitta la ville de Gand le lendemain matin.

───────

Pendant toute la durée de son séjour à Gand, Léopold I sut se concilier l'estime et le respect de tous ceux qui l'approchèrent. Aucune manifestation hostile ne se produisit contre Leurs Majestés quand elles traversèrent les rues de la ville. Ce fait est d'autant plus significatif que la majorité des habitants de Gand était loin de s'être ralliée au nouvel ordre de choses et regrettait au contraire la rupture avec la Hollande. Cette opposition ne laissait cependant échapper aucune occasion de se montrer : quand, par exemple, la musique de la Grande Harmonie de Bruxelles s'avisa de venir jouer la Brabançonne devant la *Concorde,* le nouvel air national fut accueilli par les protestations des membres de cette société comme étant une véritable provocation à leur égard.

Le 1 et le 2 octobre continua la série des fêtes et réjouissances annoncées au programme. Concours de tir à la grande arbalète par la *Gilde* de St-Georges et à la petite arbalète par la société *Guillaume Tell*; concours de tir à l'arc par la *Gilde* de St-Sébastien dans la plaine de la Byloke (aujourd'hui nouvel hôpital); concours d'escrime par la *Gilde* de St-Michel et concours de tir à la carabine par la *Gilde* de St-Antoine. Mâts de cocagne et autres jeux populaires à la place d'Armes et dans divers quartiers de la ville. Concerts par la société de *Ste-Cécile.* Bal au Casino. Illumination des deux rives de la Coupure. Feu d'artifice au Dock, etc., etc.

Une autre fête non officielle et non portée au programme, consistait dans l'arrivée et le départ des trains. On conçoit combien ce spectacle, entièrement nouveau, devait attirer de curieux et de promeneurs le long du chemin de fer.

Une fois les fêtes finies la ville de Gand recouvra sa physionomie accoutumée. La polémique entre les journaux patriotes et orangistes reprit de plus belle et la trève, conclue entre les deux partis, n'eut qu'une durée éphémère. Les hostilités recommencèrent dès le lendemain quand le 5 octobre le *Moniteur* annonça la nomination comme bourgmestre de l'échevin Minne-Barth.

Mais tous ces orages et toutes ces tempêtes sont loin

de nous. L'orangisme n'est plus qu'un souvenir en Belgique. Nulle part cependant on n'a conservé plus vivement qu'à Gand le juste sentiment des services signalés rendus au pays par le gouvernement néerlandais. C'est également à Gand, au milieu des Flandres, que nous voyons le mieux les conséquences funestes des évènements politiques qui ont détruit le magnifique royaume des Pays-Bas et livré le pays aux entreprises du clergé catholique.

Un incident très vif eut lieu le 24 février 1838 dans la séance du conseil communal où l'on discuta le chiffre de 26,378 fr. « montant des frais pour deux jours de réjouissances. » La commission du budget, chargée de faire rapport sur ces frais, exprima son opinion dans les termes suivants :

« Votre commission ne se dissimule pas que dans ces
» sortes d'occasions il y a toujours un peu plus ou un peu
» moins d'abus ; mais en examinant les comptes on acquiert
» la triste certitude que ce désordre a dépassé toutes les
» limites permises. Il paraît constant qu'il y a eu absence
» de toute espèce de contrôle et par conséquent les fournis-
» seurs et ouvriers ont eu beau jeu pour enfler leur
» mémoire comme ils l'ont entendu. »

Rappelons, avant de finir, un accident qui eut lieu près de la station de Gand, quelques mois après l'inauguration dont nous venons de parler. Le 20 août 1838, vers le soir, un train spécial composé d'une locomotive, d'un tender, d'un wagon et d'une voiture de première classe, revenant d'Ostende où il avait conduit le roi, alla se jeter

15

dans la Lys au pont du *Snepken* qui se trouvait ouvert.
Le chauffeur et le chef-garde furent tués, l'ingénieur méca-
nicien reçut des blessures à la cuisse et aux jambes; les
deux conducteurs et le contrôleur en furent quittes pour
quelques contusions.

———

Disons enfin que c'est à Charles Rogier, à son énergie,
à sa tenacité et à sa parole éloquente et convaincue que
nous devons ce grand bienfait de l'établissement des
chemins de fer en Belgique. Nous avons cru utile de consacrer une de nos pages d'histoire locale à rappeler les détails
curieux et peu connus, ou pour mieux dire presque oubliés,
de son inauguration à Gand en 1837.

Flandre libérale, 29 Juin 1885.

XIV

LES LAURÉATS DES CONCOURS UNIVERSITAIRES.

La révolution de 1830 avait été fatale à l'enseignement supérieur. En haine du régime hollandais, on avait désorganisé et pour ainsi dire détruit les trois excellentes universités que le gouvernement du roi Guillaume avait fondées à Gand, à Liége et à Louvain. C'était un véritable vandalisme révolutionnaire qui souleva des protestations énergiques.

Le gouvernement belge, faisant enfin droit aux nombreuses réclamations qui avaient surgi de toutes parts, proposa aux Chambres la loi sur la réorganisation de l'enseignement supérieur. Celle-ci fut promulguée le 27 septembre 1835. Deux Universités de l'État étaient maintenues : à Gand et à Liége. Deux Universités libres avaient déjà été créées à Bruxelles et à Louvain. Afin d'exciter l'émulation entre les quatre établissements d'enseignement supérieur du pays et en même temps afin de stimuler le zèle des élèves, la nouvelle loi institua les concours universitaires.

On attendit pendant plusieurs années avant de mettre cette partie de la loi à exécution. Enfin un arrêté royal du 18 octobre 1841 fixa les conditions du concours pour l'année académique 1841-1842. Aussitôt les élèves de l'Université de Gand décidèrent de prendre part à la lutte dans les cinq branches mises au concours. Leur succès fut éclatant : quatre des étudiants de l'*Alma mater* gantoise furent proclamés *Premier* et le cinquième, auquel il ne manqua que quelques points pour avoir droit à la même distinction, obtint une mention honorable.

Voici le résultat de ce concours qui fut proclamé à Bruxelles le 26 septembre 1842 :

Sciences physiques et mathématiques : *Premier*, MATHIAS SCHAAR, professeur à l'Université de Liége; *décédé*.

Médecine : *Premier*, LOUIS FRAEYS, docteur en médecine et professeur émérite à l'Université de Gand.

Droit romain : *Premier*, J. B. LAUWERS, greffier du tribunal de commerce d'Ostende ; *décédé*.

Philologie : *Premier*, JOSEPH FUERISON, professeur à l'Université de Gand.

Philosophie : GUSTAVE CALLIER, mention très honorable ; professeur à l'Université de Gand et échevin de l'instruction publique; *décédé*.

La nouvelle de la brillante victoire, obtenue par les élèves de l'Université, fut accueillie en notre ville avec un bonheur et un enthousiasme indescriptibles. On se serait cru transporté à cinquante ans en arrière, alors que le 20 août 1793 arrivait le message annonçant qu'un enfant de Gand, J B Hellebaut, venait d'être proclamé *Primus* de l'Université de Louvain. Ce que les échevins firent au siècle dernier pour Hellebaut, le conseil communal le fit également pour les vainqueurs, en 1842. Il se réunit d'urgence et décida qu'une ovation serait faite, aux frais de la ville, aux cinq *lauréats* du concours universitaire. Mais

comme on était en pleines vacances la réception solennelle
fut fixée au 29 septembre.

Plusieurs jours à l'avance les habitants se mirent à
l'œuvre pour orner les maisons et pavoiser les rues par
où le cortège, qui allait conduire les *lauréats* à l'hôtel de
ville et à l'Université, devait passer. La veille on travailla
encore toute la nuit à la lueur des torches. Sur tout le
parcours on avait planté des sapins. Une quantité d'inscriptions, placées sur les façades des 'maisons et sur des arcs-
de-triomphe de toutes formes et de toutes dimensions,
célébraient en flamand, en latin et en français le triomphe
remporté par l'Université de Gand.

Comme pour le *Primus* Hellebaut, ce fut à la porte de
Bruxelles que se fit la réception des *lauréats* de 1842 et
que se forma le cortège qui devait les accompagner dans
leur marche, triomphale pourrions-nous dire. On traversa,
pour se rendre à l'hôtel de ville, les mêmes rues que celles
que le *lauréat* de 1793 avait traversées : rue de Bruxelles,
rue longue des Violettes, rue digue de Brabant, rue de
Brabant, rue aux Vaches, place de la Calandre, rue Magelein et marché au Beurre. A la porte de Bruxelles, la
bienvenue fut souhaitée aux vainqueurs par une députation
du conseil communal.

Le cortège était ouvert par un détachement de cuirassiers
à cheval précédant le corps de musique du régiment; venait
ensuite un détachement de pompiers derrière lequel marchaient les sociétés, corporations et *Gildes* de la ville avec
leurs drapeaux, leurs bannières et leurs cartels et dont
tous les membres étaient porteurs de leurs insignes et
décorations. L'excellente musique de la Société philharmonique ainsi que celle du 8e régiment de ligne figuraient
également dans le cortège. Après cette partie du cortège,

fermée par un second peloton de pompiers, venaient les *laureats* assis dans deux calèches découvertes. Dans la première était assis un membre du conseil communal, l'échevin Van Pottelsberghe, avec les *lauréats* Lauwers, Schaar et Fraeys; dans la seconde était assis le recteur Rassmann avec les deux *lauréats* gantois Callier et Fuerison. Une longue file de voitures, dans lesquelles avaient pris place les autorités et les notabilités de la ville, terminait le cortège que fermait un détachement de cuirassiers à cheval. La haie était formée par les troupes d'infanterie de ligne.

Arrivés à l'hôtel de ville, les vainqueurs y furent reçus par le collège des bourgmestre et échevins en uniforme. Dans l'allocution que le bourgmestre leur adressa, il annonça qu'à la rentrée des cours, alors que les professeurs et les étudiants seraient en ville, une ovation publique serait faite aux *lauréats*. Le recteur Rassmann félicita ensuite les *lauréats*, au nom desquels l'étudiant Fuerison prit la parole pour remercier les autorités académiques et l'administration de la réception qui leur était faite.

Le même cortège conduisit ensuite les triomphateurs au palais de l'Université où de nouvelles félicitations leur furent adressées.

Inutile d'ajouter que sur tout le parcours du cortège une foule immense et enthousiaste ne cessait d'acclamer les cinq jeunes gens, dont deux appartenaient à la ville de Gand, qui venaient de remporter toutes les palmes dans le premier concours universitaire organisé dans le pays.

Daus sa séance du 18 octobre 1842, le conseil communal décida que l'ovation en l'honneur des *lauréats* et les fêtes du 25ᵉ anniversaire de la fondation de l'*Alma*

Mater gantoise auraient lieu le 3 novembre suivant avec le même cérémonial que celui observé à la réception du 29 septembre.

Le 3 novembre, à deux heures et demie, le conseil communal et le corps professoral de l'Université se réunirent à la salle du trône de l'hôtel de ville, pour y recevoir MM. Callier, Fuerison, Fraeys, Lauwers et Schaar, et les conduire à l'Université, accompagnés du même cortège que celui dont nous avons parlé plus haut, mais augmenté cette fois de tous les étudiants.

Le cortège ainsi composé traversa la rue Haut-Port, la rue courte de la Monnaie, le marché aux Grains, la rue des Champs, la rue du Soleil, la place d'Armes, l'avenue de la place d'Armes, la place et la rue de la Calandre et la rue des Foulons. A l'entrée de la rue de l'Université on avait élevé un arc de triomphe portant à son sommet l'inscription : *Honos alit artes.* Sur la porte intérieure du péristyle du palais de l'Université se trouvaient placées deux renommées portant des couronnes de laurier; à gauche le millésime MDCCCXVII, année de la fondation; à droite le millésime MDCCCXLII; au bas l'inscription : *Urbs læta et grata;* au-dessus de la porte intérieure : *Academiæ laureatæ S. P. Q. Gand.*

La cérémonie fut ouverte par une allocution du recteur Rassmann; vint ensuite un magnifique discours de M. le professeur Moke retraçant l'origine et l'histoire de l'Université de Gand fondée par le roi Guillaume. Voici en quels termes M. Moke justifiait le choix qu'avait fait le gouvernement hollandais de la ville de Gand pour y établir l'une des universités fondées dans la partie méridionale des Pays-Bas :

« Pour être utile au pays comme foyer d'instruction et

» de lumières, le sanctuaire de la science doit être placé
» au milieu d'une population forte et généreuse; son culte
» a besoin d'une sympathie et d'un concours qu'il ne peut
» attendre que d'une ville éclairée, puissante, amie à la
» fois de l'ordre et du progrès. A ses vieux souvenirs de
» grandeur, Gand joignait des titres nouveaux. Ses habi-
» tants, les premiers sortant de la torpeur où la domina-
» tion étrangère plongea nos provinces pendant les deux
» siècles précédents, avaient relevé cette antique bannière du
» travail et de l'industrie, aussi chère à nos aïeux que celle
» de la gloire et de la liberté. Là renaissait la vieille
» Flandre; là reparaissait toute son énergie primitive; là
» était le cœur du pays et le souverain eût manqué de
» sagesse s'il ne l'avait pas su comprendre. »

Ce discours finit par un éloge chaleureux et bien mérité
des cinq jeunes gens, qui venaient par leurs succès d'augmenter encore la réputation si justement établie de l'Université de Gand.

M. le bourgmestre Constant de Kerchove prit ensuite la
parole. Rappelant ce que le gouvernement des Pays-Bas
avait fait pour la prospérité intellectuelle et matérielle de
la ville de Gand, il dit : « Les malheurs publics avaient été
» grands pendant notre réunion à l'empire français. L'éta-
» blissement du nouveau royaume des Pays-Bas mit un
» terme à cette situation désastreuse. » Faisant allusion à
l'intérêt que de tout temps la ville de Gand avait porté à
l'enseignement public et aux jeunes gens qui se distinguent
dans leurs études, il termina son discours en disant :
« Nous sommes prêts à concourir aux progrès de l'instruc-
» tion publique, à favoriser toute institution utile aux
» sciences, aux lettres et aux arts, et à donner appui à ceux
» qui les cultivent. En agissant ainsi, j'obéis à la fois à mes

» sentiments personnels et à ceux de la ville que j'ai l'hon-
» neur de représenter. » Nobles paroles, qui sont restées
pour ainsi dire la devise de tous ceux qui, comme membres
du collège ou comme membres du conseil communal, ont
siégé à notre hôtel de ville.

Le bourgmestre remit ensuite, aux acclamations de
la foule, une palme d'argent à MM. Fuerison, Fraeys,
Lauwers et Schaar et un ouvrage richement relié à
M. Callier.

Un des *lauréats*, M. Fuerison, répondit en termes très
heureux aux discours du recteur et du bourgmestre. La
cérémonie se termina par la lecture de pièces de vers, dues
à la plume de deux étudiants, MM. Gustave Haghe et
Amand Inghels.

Le soir un banquet de 120 couverts réunit les autorités
et les *lauréats* dans la salle des redoutes du Grand-Théâtre.
Il nous est impossible de mentionner longuement tous les
toasts qui furent portés : au roi, par le bourgmestre de
Kerchove; à la reine et aux jeunes princes, par l'échevin
Minne-Vanderstraeten; aux magistrats communaux, par le
recteur Rassmann, etc., etc.

Au toast du recteur, M. l'avocat H. Rolin, échevin,
répondit au nom du conseil communal. Dans son discours il
fit allusion à certains bruits, qui commençaient à être mis
en circulation sur la suppression de l'Université de Gand.
Rappelant le mot du célèbre ministre néerlandais Falck,
prononcé en 1817 lors de la pose de la première pierre du
palais de l'Université : « *Perpetua esto* », il s'écria : « Non,
» l'Université de Gand ne périra pas ! Nous en avons pour
» gages et l'épreuve qu'elle a subie des mauvais jours, et
» l'illustration de ses professeurs, et la sollicitude constante
» de ses magistrats pour le dépôt sacré confié à leurs mains,

» et la vive sympathie de notre population tout entière
» pour tous les évènements de son existence. Nous en
» avons pour gages les succès éclatants que la providence
» semble lui avoir préparés, comme un bouquet de fête,
» pour la célébration de ce glorieux anniversaire. L'arbre,
» battu par la tempête, a jeté de trop profondes racines
» dans notre sol. Non! l'Université de Gand ne peut
» périr! »

Vinrent ensuite les toasts de M. de Kemmetter, de l'administrateur-inspecteur d'Hane-de Potter et du général Clump, parlant au nom de la garnison. La fête se termina par un discours de remerciement prononcé par l'un des *lauréats*, J. B. Lauwers.

Le soir les édifices publics et les principales rues de la ville furent illuminés en l'honneur des cinq jeunes gens, dont le brillant triomphe coïncidait avec le XXVe anniversaire de la fondation de l'*Alma mater* gantoise.

———

L'année suivante, au concours de 1842-43, ce fut pour la seconde fois l'Université gantoise qui conquit toutes les palmes. Dans les cinq branches mises au concours, quatre de ses élèves furent proclamés *Premier*; le cinquième auquel, comme l'année précédente pour M. Callier, il ne manquait que quelques points pour être également premier, obtint la mention honorable. Voici le nom de ces *lauréats* :

Sciences physiques et mathémathiques : *Premier*, HENRI COLSON, ingénieur et échevin des travaux publics à Gand.

Médecine : *Premier*, FERDINAND VAN DER HAEGHEN, docteur en médecine à Gand : *décédé*.

Droit romain : *Premier*, AUGUSTE DE SCHRYVER, conseiller à la Cour d'appel de Gand.

Philologie : *Premier*, CONSTANT DUMONT, conseiller à la Cour de cassation.

Histoire : *Mention très honorable*, EDMOND VAN DER VIN, prefet des études à l'athénée de Gand ; *décédé*.

Cette nouvelle victoire, obtenue par les élèves de l'Université, fut célébrée avec autant d'éclat par la population gantoise et par les autorités que celle remportée au concours de l'année précédente. Un cortège alla également chercher les vainqueurs pour les conduire triomphalement à l'hôtel de ville et au palais de l'Université, où le bourgmestre leur remit les récompenses votées par le conseil communal. Le cortège était encore plus nombreux que celui de 1842 ; car les étudiants de l'Université, les élèves de l'athénée, des députations des écoles communales, de l'académie et de l'école industrielle y figuraient également. Parmi les corporations celle des francs-bateliers, à laquelle appartenait le père de l'un des *lauréats*, M. H. Vander Haeghen, avait tenu à prendre part au cortège au grand complet et avec tous ses insignes. Parmi les inscriptions qui ornaient les rues et les maisons nous devons mentionner le transparent, pendu à la façade de la librairie Hoste, rue Magelein, et représentant le soleil éclairant le monde, avec ces deux vers :

> De verkooper van verstand
> Aan de primussen van 't land.

La longueur que prendrait cette notice ne nous permet pas d'entrer dans plus de détails sur la fête et sur les discours qui furent prononcés au palais de l'Université et au banquet offert aux vainqueurs dans la salle des redoutes du

Grand-Théâtre. Nous ne pouvons cependant résister au désir de citer la brillante et spirituelle péroraison du toast de félicitations aux *lauréats*, prononcé par l'échevin H. Rolin : « Un poète courtisan disait à un roi con-
» quérant :

„ Grand roi, cesse de vaincre ou je cesse d'écrire.

« Et moi, moi qui m'exprime ici sans flatterie et avec le
» langage du cœur, je vous exhorte, professeurs et élèves, à
» ne jamais vous lasser de vaincre, et jamais non plus cette
» noble cité et son conseil communal ne se lasseront de
» vous décerner la palme et les honneurs populaires du
» triomphe ».

Les bruits de suppression des universités de Gand et de Liége, qui avaient déjà couru l'année antérieure, venaient de reprendre une consistance telle qu'ils étaient de nature à alarmer tous ceux qui attachaient quelque prix à la conservation de notre *Alma mater*. Ces craintes d'ailleurs étaient loin d'être exagérées. L'Université catholique de Louvain, cela va sans dire, avait un intérêt capital à voir disparaître deux établissements dont une grande partie de la population serait venue augmenter le nombre de ses élèves. Quant à l'Université de Bruxelles, elle serait devenue une institution de l'État. Celui-ci, de cette façon, n'aurait plus eu qu'une seule Université établie dans la capitale. C'était la réalisation d'une idée qui s'était déjà produite en 1835 lors de la discussion de la loi sur l'enseignement supérieur. Afin d'indemniser la ville de Liége, on y aurait placé l'école du génie civil et l'école des mines. En ce qui concernait Gand, l'opiniâtre cité orangiste, on trouvait qu'elle aurait grand tort de se plaindre puisqu'on lui laissait ses fabriques et son canal de Terneuzen !

Si l'on ajoute à cela un certain sentiment de jalousie, produit par les succès extraordinaires de l'*Alma Mater* gantoise qui, deux années de suite, remporta toutes les premières nominations dans les concours qu'on venait à peine d'instituer, l'on comprendra facilement que bien des gens auraient été heureux de voir disparaître notre Université.

C'est en faisant allusion à tous ces bruits intéressés que l'échevin de Pauw prononça à l'Université, lors de la remise des récompenses aux *lauréats*, le magnifique discours que le défaut d'espace ne nous permet pas de reproduire en entier. Nous en détachons les passages suivants qui, vrais en 1843, le sont encore toujours en 1884 : « Messieurs de » Bruxelles diront avec ce ton dégagé et petit-maître que » vous leurs connaissez tous ; Mais vous serez donc éter- » nellement arriérés ! toujours province ! jamais de votre siècle ! Vous ne connaissez donc pas encore les bienfaits de la centralisation ? Vous ne savez donc pas qu'il faut réunir les forces en faisceau pour les rendre puissantes ! Que de toutes les lumières éparses il faut faire un phare afin que ce phare, placé dans la capitale, puisse éclairer le pays ? Mais on leur répondra que l'émulation en » matière scientifique vaut mieux que la centralisation ; que » les hommes distingués, lorsqu'on les réunit en masse » dans une seule ville y perdent leur originalité, l'em- » preinte qui leur est propre ; que tous les pays, à peu » d'exceptions près, ont placé leurs universités dans les » villes de province... »

Et plus loin, en parlant de l'Université de Louvain, l'éminent orateur s'exprime comme suit :

« Messieurs de Louvain qui, avec ce tact qui les distin- » gue, ont choisi cette ville pour siège de leur Université

» dans le but évident de profiter du prestige attaché au nom
» de l'antique Université de Louvain, diront peut-être :
» l'antique Louvain que nous représentons, vous tend les
» bras.

» Mais on leur répondra : l'antique Université de Louvain
» est morte et vous n'êtes pas ses représentants. Il y a un
» abîme entre vous et cette Université jadis si florissante.
» Plus de trente années, fécondes en révolutions terribles
» et en guerres gigantesques, vous séparent ; et ces trente en
» valent cent. — Un corps se perpétue, en réunissant à lui
» par voie d'assimilation des membres nouveaux qui prennent
» la place de l'esprit des anciens, mais il faut pour cela
» qu'une partie notable de ce corps reste debout afin que les
» traditions soient conservées et transmises. Or la tempête
» a détruit l'antique Louvain tout entier. Il n'y a donc rien
» de commun entre le nouveau et l'antique Louvain ; rien
» de commun que la maison. Messieurs du nouveau Lou-
» vain, vous n'êtes que des parvenus, qui occupez la
» demeure d'un homme illustre, mort sans postérité ! »

Un tonnerre d'applaudissement accueillit les paroles si
fières et si éloquentes de l'honorable échevin, réclamant
pour la ville de Gand le droit de rester une *ville universitaire*. Ce discours, comme on pouvait s'y attendre,
souleva les clameurs intéressées de la presse catholique.
M. de Pauw avait mis le doigt sur la plaie ; il avait montré d'où partaient les coups qui devaient abattre notre
Université.

On continua la guerre et cette fois ce fut aux étudiants
de Gand, vainqueurs dans les concours universitaires, qu'on
s'en prit. On les accusa d'avoir trompé le jury ; on alla
jusqu'à écrire que leurs succès n'étaient dus qu'à « des
tripotages » dont les professeurs étaient les complices.

Les protestations indignées de la population gantoise et l'attitude énergique de notre conseil communal firent taire les calomniateurs. Elles eurent également raison des velléités de suppression et mirent fin à la guerre que depuis 1830 on avait, tantôt ouvertement, tantôt sournoisement, déclarée à l'Université de Gand.

Le succès des étudiants de Gand aux concours universitaires continua à se maintenir. C'est ce qui explique comment la solennité dont on entourait la distribution des prix aux *lauréats,* pendant les premières années de l'institution des concours, disparut peu à peu. On se borna à remettre les récompenses aux vainqueurs dans la séance de rentrée, au commencement de l'année académique.

Voici la liste des *Premiers*, appartenant à l'Université de Gand, pendant une période de 20 ans. Il est à remarquer que parfois il n'y avait de concurrents que dans une branche, que d'autres fois personne ne se présentait pour aucune des questions mises au concours.

Année académique 1841-1842 et 1842-1843 voir plus haut.

1843-1844. — Philologie, M. ÉMILE DE LAVELEYE, l'éminent publiciste, professeur à l'Université de Liége.

1844-1845. — Sciences physiques et mathématiques, CHARLES ANDRIES, professeur à l'Université et échevin de l'instruction publique ; *décédé.*

1845-1846. — Sciences naturelles, FRANÇOIS RETSIN, ancien professeur de mathématiquesà l'Athénée de Gand.

Droit moderne, L. J. SAUTOIS, président du tribunal de 1ʳᵉ instance à Gand.

Médecine, Aug. Retsin, docteur en médecine à Bruges ; *décédé.*

1846-1847. — Histoire moderne, Edmond Willequet, avocat à Gand et membre de la Chambre des représentants.

1851-1853. — Médecine, Ch. Van Leynseele, docteur en médecine et professeur à l'Université de Gand ; *décédé.*

1852-1853. — Sciences physiques et mathématiques, J. Dauge, professeur à l'école du génie civil de Gand et échevin de l'instruction publique.

Sciences naturelles, Ant. Mazeman, *décédé.*

Médecine, Étienne Poirier, docteur en médecine et professeur à l'Université de Gand.

1853-1854. — Philosophie, Adolphe Dufranne. Mort avant d'avoir terminé ses études universitaires. Ce fut un des premiers enterrements civils — si pas le premier — qui ait eu lieu à Gand.

1855-1856. — Médecine, Benjamin Inghels, docteur en médecine et médecin en chef de l'hospice Guislain.

1857-1858. — Philologie, Frédéric Hennebert, professeur à l'Université de Gand ; *décédé.*

Frédéric Rommelaere, docteur en médecine à Bruxelles ; *décédé.*

1858-1859. — Médecine, Victor De Neffe, docteur en médecine et professeur à l'Université de Gand.

1859-1860. — Sciences naturelles, Jacques Verryken, professeur à l'athénée d'Arlon ; *décédé.*

Droit, Émile De Clercq, docteur en droit.

1860-1861. Sciences naturelles, Ignace Vander Donckt, médecin militaire ; *décédé.*

Droit romain, Auguste Gondry, conseiller à la Cour

d'appel de Gand, secrétaire général du *Willems-Fonds*.

Droit moderne, Frédéric Hennebert (voir 1857-1858).

Médecine, Gustave Boddaert, professeur à l'Université de Gand.

1861-1862. — Philologie, Émile De Clercq (voir 1859-1860).

Sciences physiques et mathématiques, Charles Van Meerloo, ingénieur de la ville de Bruxelles.

Droit moderne, Alphonse Meynne, avocat à Bruges.

1862-1863. — Sciences physiques et mathématiques, Isidore Blanquaert, ingénieur directeur au chemin de fer de l'État.

Médecine, Ignace Vander Donckt (voir 1860-1861).

Pendant cette période, l'Université de Gand a obtenu à elle seule plus de nominations dans les concours universitaires (36 contre 33) que les trois autres Universités du pays réunies.

———

La suite des concours ne fut pas moins brillante pour les élèves de notre Université. Aussi nous ne pouvons résister au plaisir de compléter la liste des *premiers* qui ont fait leurs études à Gand.

Cette besogne nous est singulièrement facilitée par le remarquable ouvrage de M. Ernest Discailles, professeur d'histoire contemporaine à l'Université de Gand, ouvrage intitulé : *Histoire des concours généraux de l'enseignement primaire, moyen et supérieur en Belgique (1840-1881)* et qui ne comprend pas moins de trois grands volumes in-8° de plus de 600 pages chacun. On y trouve tous les renseignements qui se rattachent au sujet traité, l'auteur s'étant livré pendant plusieurs années à des recherches multiples et scrupuleuses dans les archives des ministères et des universités.

1864-1865. — Droit romain, P. VAN WETTER, professeur à l'Université de Gand.

Droit moderne, REMY DE RIDDER, professeur à l'Université de Gand.

1865-1866. — Philologie, JULES DEVIGNE, avocat à Gand et membre de la Chambre des représentants.

Droit moderne, OSWALD DE KERCHOVE, avocat à Gand, ancien gouverneur du Hainaut, membre de la Chambre des représentants.

Médecine, CHARLES VAN CAUWENBERGHE, docteur en médecine, professeur à l'Université de Gand.

1867-1868. — Droit moderne, ALFRED SERESIA, avocat, professeur à l'Université de Gand.

1869-1870. — Droit moderne, HIPPOLYTE LIPPENS, avocat, bourgmestre de Gand et membre de la Chambre des représentants.

Médecine, JEAN NUEL, docteur en médecine, professeur à l'Université de Gand.

1871-1872. — Médecine, CAMILLE VERSTRAETEN, docteur en médecine à Gand.

1873-1874. — Sciences physiques et mathématiques, JUNIUS MASSAU, professeur à l'Université de Gand.

Médecine, LÉON FREDERICQ, docteur en médecine, professeur à l'Université de Liége.

1874-1875. — Médecine, CHARLES KLUYSKENS, docteur en médecine, à Landeghem.

1875-1876. — Médecine, CHARLES DE VISSCHER, docteur en médecine, chef de clinique à l'Université de Gand.

1878-1879. — Sciences zoologiques, JULES MAC LEOD, docteur en sciences naturelles, préparateur à l'Université de Gand.

Voici encore quelques rectifications de détail à notre première liste de *lauréats*, que nous fournit le consciencieux et intéressant travail de M. Discailles.

1843-1844. — Sciences philosophiques et historiques, ARTHUR HENNEBERT que la mort frappa au moment où il allait être couronné. Il se noya en se baignant dans la Lys.

1845-1846. — Sciences philosophiques et historiques, Mention honorable, JACQUES DE WINTER, rédacteur du *Messager de Gand,* décédé.

1855-1856. — Sciences philosophiques et historiques, PROSPER DE HAULEVILLE avait été déclaré admissible aux dernières épreuves lorsqu'on s'aperçut qu'il avait dépassé l'âge pour pouvoir concourir. Rédacteur du *Journal de Bruxelles.*

———

Voici la statistique des nominations obtenues par les quatre Universités, depuis le premier concours jusqu'en 1880 :

Gand : 49 prix, 4 mentions honorables ; soit 53 nominations.

Liége : 28 prix, 4 mentions honorables ; soit 32 nominations.

Bruxelles : 10 prix, 3 mentions honorables ; soit 13 nominations.

Louvain : 7 prix, 1 mention honorable ; soit 8 nominations.

Pendant cette période de près de quarante ans, l'Université de Gand, qui compte le moins d'élèves, obtient donc à elle seule autant de nominations que les trois autres universités réunies. Et l'Université de Louvain, qui fait toujours sonner bien haut le nombre considérable d'étudiants inscrits à ses cours, obtient en tout et pour tout 8 nominations sur les 106 qui ont été décernées.

Cette statistique, tout en l'honneur de l'*Alma Mater* gantoise, justifie pleinement les paroles prononcées au mois d'octobre 1855 par M. le professeur Roulez à la séance d'ouverture de la rentrée des cours :

« Mais, Messieurs, un établissement d'enseignement » supérieur n'est pas une boutique dont l'état prospère » s'estime seulement par le nombre des chalands. Ce qui » fait la véritable prospérité, la grandeur d'un pareil » établissement, c'est la réputation scientifique de ses » professeurs, c'est la solidité de son enseignement, ce sont » les succès de ses élèves ; sous ce triple rapport l'Université de Gand peut défier, sans crainte aucune, les autres » universités ses rivales. »

Les succès continuels obtenus par les étudiants gantois ne firent qu'augmenter la haine que dès sa fondation et sans interruption, le clergé catholique avait vouée à notre *Alma Mater*. Mandements épiscopaux, lettres pastorales, prêches, dénonciations calomnieuses, rien ne fut oublié pour consommer la ruine de notre premier établissement d'instruction supérieure. C'est dans un de ces mandements de l'évêque Delebecque que se rencontre l'expression, restée célèbre : « des bouches ouvertes par l'Église ». Ces attaques incessantes, conduites avec une perfidie et une ténacité dont les gens d'église seuls sont capables, ne furent pas sans produire de l'effet.

Pendant l'année 1857-1858 le nombre des étudiants, qui était l'année antérieure de 334, tomba à 291, soit quarante-trois de moins. Il n'y aurait eu rien d'étonnant à ce que cette diminution eût été encore plus forte. C'est ce que M. Roulez, en prenant possession du rectorat pour l'année académique 1858-1859, constatait avec beaucoup de vérité lorsqu'il disait : « Quand on considère la multipli-
» cité et la puissance des moyens employés pour éloigner
» de notre établissement la jeunesse studieuse, on doit
» s'étonner, non pas tant de ce que notre population uni-
» versitaire soit diminuée que de ce qu'elle ne le soit pas
» encore davantage. »

Le mot de Falck « *perpetua esto* » resta vrai ; l'Université de Gand ne périt pas. Érigée par le gouvernement du roi Guillaume au cœur des Flandres, comme une forteresse de la science et de l'esprit, l'Université de Gand a répondu aux généreuses espérances de son fondateur. Elle reste debout, forte et florissante, malgré les colères et les jalousies de ses ennemis. On a vu, par ce que nous avons dit des *lauréats* des concours universitaires, combien, sur le terrain de la politique et de la science, elle a produit de lutteurs redoutables qui depuis cinquante ans ont engagé, à chaque génération, le bon combat pour la liberté et la tolérance contre ceux qui rêvaient de ruiner l'*Alma Mater* gantoise.

Flandre libérale, 30 Décembre 1884 et 10 Janvier 1885.

XV.

LES LAURÉATS DE 1844 ET LES PRIX DE ROME GANTOIS.

A l'occasion de la splendide réception que la ville de Gand tout entière vient de faire à un de ses enfants M. Constant Montald, il a été question de ceux de nos concitoyens qui furent dans le temps proclamés *lauréats* du concours dit de Rome. On a cité Maes-Canini et Adolphe Hombrecht. Le premier fut couronné en 1821 pour la peinture; le second obtint le grand prix d'architecture au concours de 1844.

Outre le succès remporté par l'académie de Gand, notre université et notre athénée avaient aussi chacun leur *Primus* en 1844. M. Émile De Laveleye, le savant économiste dont le nom est européen, avait été proclamé premier en philologie au concours universitaire et M. Napoléon Destanberg était sorti vainqueur du concours ouvert entre les athénées et les collèges du royaume.

C'était donc un triple triomphe que la ville de Gand allait célébrer en 1844. Nous croyons qu'on ne lira pas sans intérêt le récit de la réception qui fut faite aux vainqueurs.

Une proclamation du collège échevinal annonça que l'entrée et la réception solennelles des *lauréats* auraient lieu le mardi 15 octobre. On devait se réunir à deux heures et demie de l'après-midi à la station du chemin de fer de l'État.

On se mit aussitôt à l'œuvre pour orner et pavoiser les rues. Celles-ci, sur tout le parcours du cortège dont nous allons parler, étaient tendues de coton et plantées de sapins. Ce genre d'ornementation, qui ajoute tant de pittoresque à l'aspect de nos rues, a — nous ne savons trop pourquoi — presque disparu de nos usages ; il n'est plus guère employé, mais dans des proportions très restreintes, que lors de la sortie des processions catholiques. Hâtons nous d'ajouter que nous avons aujourd'hui — ce qui n'existait pas à cette époque — l'habitude d'arborer aux façades des maisons des drapeaux aux couleurs nationales. L'aspect de ces drapeaux donne à nos rues un air de fête qu'on ne connaissait pas autrefois. Il est regrettable toutefois que, contrairement à ce qui se fait dans toutes les autres localités du pays, les couleurs de la ville soient presque complètement laissées dans l'oubli pour s'en tenir uniquement au tricolore brabançon.

Lors de la réception de M. C. Montald, beaucoup de personnes regrettaient que le temps avait fait défaut pour élever un ou deux arcs de triomphe sur le passage du *lauréat*. On parlait même de réédifier le superbe et colossal arc de triomphe, qui fut construit lors de l'entrée des *lauréats* de 1844. Mais on oubliait que cet arc de triomphe, placé au commencement de la rue de la Station, fut renversé par un coup de vent dans la nuit du 14 au

15 octobre et mis complètement hors d'usage avant la
fête. Il n'en existe plus aujourd'hui, probablement, que
les débris de ce qu'on a ramassé et remisé dans les
caves de l'hôtel de ville, il y a quarante-deux ans.

Cet arc de triomphe avait vingt mètres de hauteur sur
quinze de largeur. L'une de ses faces, dont l'architecture
était de l'ordre corinthien, était surmontée de la Pucelle de
Gand, entourée par les arts et les sciences. Sur l'autre face,
qui appartenait à l'ordre composite, se trouvaient la Belgique et la ville de Gand, distribuant des récompenses à leurs
enfants les plus méritants. D'un côté on avait peint entre les
colonnes l'Industrie et le Commerce, de l'autre Jacques van
Artevelde et Van Dijck. Dans la partie supérieure on voyait
les portraits de plusieurs Gantois célèbres ainsi que des
figures allégoriques représentant l'Escaut et la Lys. On y
voyait également, placées entre les armes de la ville, des
inscriptions en latin et en flamand rappelant la solennité
du jour.

Les artistes de la ville et les élèves de l'académie avaient
à l'envi prêté leur concours désintéressé pour construire
et peindre cet arc de triomphe, qui était une véritable œuvre
d'art et auquel on avait travaillé pendant plusieurs semaines.

Les dessins originaux de l'arc de triomphe de 1844 avec
tous les détails et toutes les indications, sont conservés à
la bibliothèque de l'université dans l'atlas de la ville de Gand
(portefeuille CLX).

———

Voici une rapide description de cette entrée solennelle,
qui fit évènement à cette époque.

A leur arrivée à la station les vainqueurs furent complimentés au nom de la ville par M. l'échevin de Pauw, et

par M. Louis Callens, élève conducteur, au nom des artistes qui avaient coopéré à la construction et à la peinture de l'arc de triomphe. De même qu'aujourd'hui, un cortège alla recevoir les vainqueurs à la station. Il était composé de la manière suivante :

En tête marchaient un peloton de cuirassiers à cheval et la musique du 4e regiment de ligne que suivaient les corporations, les sociétés et les quatre chefs-confréries de Saint-Georges, Saint-Sébastien, Saint-Michel et Saint-Antoine, avec leurs insignes, leurs bannières et leurs drapeaux. Venaient ensuite, précédés par un peloton de pompiers, une députation des élèves des écoles communales; les élèves de l'académie; la musique de la société philharmonique; les élèves de l'athénée, escortant leur condisciple, le *lauréat* N. Destanberg; les étudiants de l'université; les professeurs de l'athénée; les professeurs de l'académie; la société royale des beaux-arts; la direction de l'académie et enfin les voitures dans lesquelles se trouvaient MM. De Laveleye et Hombrecht, le collège échevinal en uniforme et une députation des professeurs de l'université.

On se rendit de la gare à l'hôtel de ville par la même route que celle suivie, il y a quelques jours, pour la réception du *primus* C. Montald. Ce cortège, qui était d'une longueur extraordinaire, eut beaucoup de peine à traverser la foule compacte qui se pressait sur son passage. Il dut également s'arrêter plusieurs fois pour laisser aux vainqueurs le temps de recevoir les couronnes qu'on leur offrait et d'écouter les discours de félicitations qu'on leur adressait. L'encombrement était tel que le cortège fut coupé en plusieurs endroits. On arriva enfin à l'hôtel de ville où MM. De Laveleye, Destanberg et Hombrecht

furent reçus dans la salle du trône et complimentés par les
autorités.

De l'hôtel de ville on se dirigea vers le palais de l'université où, dans la salle de la rotonde, devait avoir lieu la
remise des récompenses décernées par le conseil communal. Nous croirions faire injure au bon sens et à l'expérience de nos lecteurs si nous leur laissions supposer un
instant que pour se rendre à l'université on avait suivi la
route la plus courte. On se conforma à l'usage traditionnel
et on prit — de même qu'à l'arrivée — ce qu'à Gand on
nomme « *den grooten toer* », c'est-à-dire la rue Haut-Port,
le marché aux Légumes, le marché aux Grains, la rue des
Champs et la rue des Foulons.

La cérémonie à l'université, à laquelle assistaient toutes
les autorités, était présidée par Monsieur le bourgmestre,
Constant de Kerchove. Celui-ci, dans un discours que tous
les journaux de ce temps ont reproduit, adressa ses félicitations aux jeunes *lauréats* et fit le plus grand éloge des
trois établissements, l'Université, l'Académie et l'Athénée
qui venaient de remporter un triomphe aussi éclatant.
Après une allocution de M. N. Cornelissen, secrétaire
honoraire du conseil académique, on procéda à la remise
des récompenses. MM. De Laveleye et Hombrecht reçurent
chacun une branche de laurier en argent ; des livres richement reliés furent remis à M. Destanberg. Le bourgmestre
annonça de plus qu'outre les 1,200 florins alloués par
l'État, le conseil communal avait décidé de son côté de
donner pendant quatre années une pension de 500 fr. à
M. A. Hombrecht.

Ici se place une cérémonie touchante dont nous devons
dire quelques mots. M. Arthur Hennebert, élève de notre
université, après avoir subi d'une façon remarquable

l'épreuve écrite, allait se présenter à l'épreuve orale quand un terrible accident vint mettre fin à cette carrière si brillamment commencée. La veille du jour, fixé pour le concours, M. Hennebert perdit la vie en se baignant dans la Lys à l'endroit nommé *de overzet*. Son travail écrit, de l'avis des membres du jury, était si parfait que l'autorité communale décida d'honorer la mémoire de l'auteur en envoyant également une palme d'argent à ses parents. Le bourgmestre remit la palme à M. le recteur Van Coetsem avec prière de la faire parvenir à la famille du jeune étudiant, dont la fin prématurée était un sujet de regrets pour la ville de Gand tout entière.

A leur sortie de l'université les trois *lauréats* furent salués par les acclamations de la foule qui se pressait dans la rue des Foulons. Le soir il y eut une illumination dans les rues habitées par les vainqueurs, auxquels une sérénade fut donnée par la société de chant les Mélomanes.

Tel est le récit abrégé des solennités qui eurent lieu à Gand le jour de la réception des trois *lauréats* de 1844; cette réception, quoique très brillante, fut cependant loin d'égaler, croyons-nous, en enthousiasme et en durée celle que notre population vient de faire au *Primus* de 1886.

Des trois *lauréats* de 1844, un seul est décédé. Napoléon Destanberg, l'écrivain et le poète flamand plein d'humour, d'esprit et de verve qui a laissé dans la presse politique une place qu'il serait difficile de remplir, est mort à Gand en 1875.

M. Adolphe Hombrecht réside à Madrid où il est un des architectes les plus en renom.

M. Émile De Laveleye, le publiciste éminent dont les
ouvrages jouissent d'une réputation universelle, est professeur à l'université de Liége. C'est une des personnalités
les plus marquantes et les plus sympathiques du corps
professoral belge.

———

De M. Hombrecht à M. Montald, c'est-à-dire pendant
un espace de 42 ans, la ville de Gand n'avait plus eu de
grand prix parmi ses enfants. Ajoutons toutefois qu'au
concours de peinture de 1867 M. L. Lebrun obtint la
mention honorable, qu'à celui de sculpture de 1869
M. P. Devigne obtint le 2ᵉ prix et qu'au concours de peinture de 1878 le 2ᵉ prix fut également décerné à M. J. Van
Biesbroeck.

Ajoutons encore qu'un Gantois J. B. Maes plus connu
sous le nom de Maes-Canini, obtint le grand prix de peinture au concours de 1821. Le sujet à traiter par les concurrents était : Alexaudre chez Diogène. Cet artiste a laissé
plusieurs œuvres qui ne sont pas sans mérite. Il est mort
à Rome en 1856. Notre musée possède de lui un tableau
représentant la déesse Junon, assise sur un nuage. Une
excellente notice sur cet artiste se trouve dans l'ouvrage
de Immerseel « *Levens der schilders.* »

———

Le grand concours, dit de Rome, dont nous venons de
parler fut institué par un arrêté royal du 13 avril 1817
du gouvernement néerlandais. Cet arrêté fixait le chiffre
de la pension annuelle, allouée au *lauréat,* à la somme de
1,200 florins. L'arrêté royal du 25 février 1847 modifia
celui de 1817 et stipula, entre autres, qu'au grand concours

de peinture, d'architecture, de sculpture et de gravure le *lauréat* toucherait pendant 4 ans une pension de 4,000 fr. Cette pension fut portée plus tard à 5,000 fr. pour la peinture et la sculpture.

L'arrêté royal du 19 septembre 1840, modifié par celui du 5 mars 1849, institua les grands concours de composition musicale. Le concurrent, qui obtenait le premier prix, recevait pendant quatre années une pension de 2,500 fr. Parmi les changements apportés aux règlements organiques de 1840 et de 1849, il faut mentionner celui par lequel l'arrêté royal du 22 mai 1875 a porté la pension annuelle à la somme de 4,000 fr.

Voici la liste des élèves, sortis du conservatoire de Gand, qui ont obtenu des nominations aux grands concours bisannuels de composition musicale :

1847. Premier prix : Aug. Gevaert, directeur du conservatoire de Bruxelles.

1863. Mention honorable : Leo Van Gheluwe, directeur du conservatoire de Bruges.

1865. Deuxième prix : Jean Vanden Eeden, directeur du conservatoire de Mons.

1867. Premier prix : Henri Waelput, décédé à Gand, le 8 juillet 1885; deuxième prix : L. Van Gheluwe.

1869. Premier prix : Jean Vanden Eeden.

1871. Mention honorable : Edouard Blaes.

1873. Deuxième prix : Florimond Van Duyse, auditeur militaire à Gand.

1875. Premier prix : Isidore De Vos, décédé à Gand en 1875.

1883. Deuxième prix : Pierre Heckers.

1885. Deuxième prix : Pierre Heckers.

Depuis 1865, tous ces *lauréats* ont composé la musique

de leur cantate sur le texte flamand du poème. M Gevaert seul n'a pu le faire, le texte français étant seul admis quand il remporta le grand prix de Rome.

Nous avons vu plus haut (chapitre XIV) que dans les concours universitaires Gand est sans rivale. Dans les concours de composition musicale notre ville a également fourni un grand nombre de vainqueurs. Mais pour le prix de Rome de peinture, de sculpture ou d'architecture, ils sont très rares ceux de ses enfants qui ont obtenu la palme.

C'est ce qui explique sans doute l'explosion d'enthousiasme qui a accueilli la nouvelle du triomphe de M. Constant Montald. Ajoutez-y que le *lauréat* est fils de ses œuvres, élève de nos excellentes écoles communales, de notre école industrielle et de notre académie ; que ses parents sont de simples ouvriers et que le peuple gantois se reconnaît tout-à-fait en lui. Enfin M. de Moreau, ministre de l'agriculture, des beaux-arts, de l'industrie, des travaux publics, etc. etc., a fait, sans s'en douter, au jeune *lauréat* une réclame unique en ordonnant de *régulariser* la décision du jury. Peut-être ne verra-t-on plus réunies toutes ces conditions de succès et n'aurons-nous plus à Gand de fêtes aussi unanimes, aussi exubéra ites et aussi longues que pour notre dernier *Primus*.

Flandre libérale, 4 Octobre 188).

TABLE DES MATIÈRES.

—

CPSIA information can be obtained
at www.ICGtesting.com
Printed in the USA
BVHW041341280119
538843BV00005B/46/P